핵심만 쏙쏙 예제는 빵빵

DIAT
스프레드시트 2016

초판 발행일 | 2021년 06월 15일
저자 | 해람북스 기획팀
펴낸이 | 최용섭
총편집인 | 이준우
기획진행 | 유효섭

㈜해람북스　**주소** | 서울시 용산구 한남대로 11길 12, 6층
문의전화 | 02-6337-5419　**팩스** 02-6337-5429
홈페이지 | http://www.hrbooks.co.kr

발행처 | (주)미래엔에듀파트너　**출판등록번호** | 제2016-000047호

ISBN 979-11-6571-152-8

※ 잘못된 책은 바꾸어 드립니다.
※ 책 가격은 뒷면에 있습니다.

DIAT 시험안내

▷ DIAT란?

- Digital Information Ability Test의 약자로 정보통신 관련 프로그램의 활용능력을 검정하는 자격시험입니다.
- **자격 종류** : 국가공인자격
- **공인 번호** : 제2016-2호
- **자격발급기관** : 한국정보통신진흥협회

▷ 도입 목적 및 필요성

컴퓨터와 인터넷을 이용한 정보가 넘쳐나고 사물과 사물 간에도 컴퓨터와 인터넷이 연결된 디지털정보시대에 기본적인 정보통신기술, 정보처리기술의 활용 분야에 대한 학습이나 사무업무를 수행할 수 있게 하려고 만들어 졌습니다.

▷ DIAT 특징

- 실무프로젝트 중심형 시험
- 다양한 계층이 접근 가능한 평가시스템
- 공정성, 객관성, 신뢰성 확보
- 다양한 시험과목 제공
- 체계적이고 과학적인 관리 시스템

▷ 시험과목별 문항수

구분	검정과목	검정내용	검정방법	문항수	제한시간	배점
1과목	정보통신상식	컴퓨터 이해 정보통신 이해 정보사회 이해	CBT (객관식 사지선다)	40	40분	100점
2과목	워드프로세서	한글, MS워드	실기 (작업형)	2	40분	200점
3과목	스프레드시트	MS엑셀		5	40분	200점
4과목	프리젠테이션	MS파워포인트		4	40분	200점
5과목	인터넷정보검색	정보검색		8	40분	100점
6과목	멀티미디어제작	이미지 제작 디지털 영상 편집		3	40분	200점

※ 총 6개 과목 중 한 회차에 최대 3개 과목까지 선택 응시가 가능합니다.

※ 입실완료시간 : 1교시(08:50), 2교시(10:00), 3교시(11:10), 4교시(12:20)
  ▶ 응시인원에 따라 운영교시 조정가능
  ▶ 입실완료시간 지각자 응시불가, 신분증 미지참시 응시 불가

※ 워드프로세서, 프리젠테이션, 스프레드시트 프로그램 버전은 2016, NEO 입니다.

※ 멀티미디어제작 프로그램 버전은 포토샵(CS5), 윈도우무비메이커 2012 입니다.
  (단, 시험장에 설치된 프로그램을 고려하여 포토샵 CS2~CS6 공통 출제)

※ **장애인 응시 편의** : 시험일 기준 10일전 사전연락하신 경우에 한하여 시험시간 추가, 시험지 확대가 제공됩니다.

▶ 검정기준

검정분야	검정기준
초급	컴퓨터와 방송통신 기반기술의 기초적인 지식 및 초급수준의 정보 처리 능력을 갖고 있으며, OA프로그램을 제한적으로 활용할 수 있는 능력의 유무
중급	상기지식과 기술 및 정보처리에 대한 일반적인 처리 능력과 웹페이지에 대한 기본적인 지식 보유, OA프로그램을 일상생활, 학습 활동 등에 무리 없이 사용할 수 있는 능력의 유무
고급	상기지식과 기술 및 정보처리에 대한 고급 수준의 능력과 OA프로그램을 이용한 정보처리/가공능력을 보유하고 전산업무를 원활하게 처리할 수 있는 능력의 유무

▶ 합격기준

- **고급** : 해당과제의 80% ~ 100% 해결능력
- **중급** : 해당과제의 60% ~ 79% 해결능력
- **초급** : 해당과제의 40% ~ 59% 해결능력

▶ 응시지역/응시자격

- **응시지역** : 전국(원서접수시 응시지역 선택 가능)
- **응시자격** : 제한 없음(학력, 연령, 경력)

▶ 검정일정

홈페이지(www.ihd.or.kr)에 접속 후 [자격안내]-[시험일정]을 참고하세요.

▶ 검정수수료

1과목	2과목	3과목
20,000원	36,000원	51,000원

※ 자격증 발급수수료 : 5,800원

※ 결재서비스 이용료 : 신용카드(650원), 계좌이체(650원), 가상계좌(300원)

※ 환불규정 : 시험일 10일전(사유없이 100% 환불), 이후 시험일까지(증빙서류 제출 시 100% 환불, 개인사유 불가), 이후 불가

▶ 기타안내

- **접수 방법** : 해당 자격시험 접수기간 중 협회 자격검정 홈페이지(http://www.ihd.or.kr)로 접속 후 On-Line으로 단체 및 개인별 접수
- **입금 방법** : 홈페이지에 고지된 입금기간 내에 신용카드/계좌이체/가상계좌 입금 방법 중 하나를 선택 후 검정 수수료 입금
- **조회 방법** : 수검번호, 입금 여부, 시험장, 합격 여부 등 각종 조회는 협회 자격검정 홈페이지 (http://www.ihd.or.kr)에 로그인 후 [시험접수]에서 [시험접수현황 확인]

⊪ DIAT 스킬인증제도

한국정보통신진흥협회에서는 국가공인 DIAT 자격검정의 활용범위를 확대하고 글로벌 시대의 리더를
양성하고자 다음과 같이 DIAT 스킬인증제도 및 KAIT-CPI(공인강사) 제도를 실시합니다.

구분	대상	검정기준
DIAT-MASTER	DIAT 3과목 고급 취득자	- 증서 및 카드제공(15,000원)
DIAT-GOLD MASTER	DIAT 4과목 고급 취득자	- 증서 및 카드제공(15,000원) - 협회 자격검정 1차(온라인) 시험 무료
DIAT-EXPERT (예비강사)	DIAT 5과목 고급 취득자	- 증서 및 카드제공(15,000원) - 협회 자격검정 1차(온라인) 시험 무료 - 만 20세 이상 공인강사 신청시 자동 전환
KAIT-CPI 공인강사 (만 20세 이상)	DIAT 3과목 고급 + 강사재직증명서	- 증서 및 카드제공(20,000원) - 지역본부별 강사취업 알선 - 협회 자격검정 감독위원 활용

DIAT 취득 시 혜택

- 각 과목별 생활기록부(교육행정정보시스템; NEIS) 등재
- 대학의 교양필수, 선택과목으로 채택되어 학점인정 및 졸업인증
- 국가기술과 동등한 위치 확보에 따라 기업체, 기관, 행정기관 등의 채용, 승진 및 인사고과시 우대
- 대학입학 전형자료로 활용되는 학생정보소양인증 자격(한국교육학술정보원)

02 답안전송프로그램 사용 방법

답안전송프로그램 로그인

수검번호, 수검자명 입력 후
[확인] 버튼 클릭

수검자 유의사항 확인

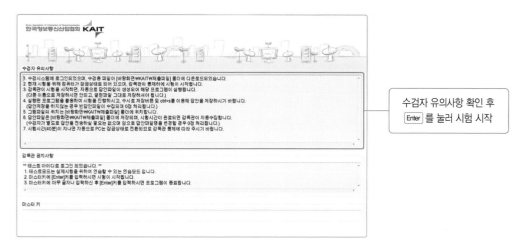

수검자 유의사항 확인 후
Enter 를 눌러 시험 시작

• 시험장에서는 감독관에 의해 시험이 시작되며, 프로그램이 자동 실행됩니다.

시험 진행

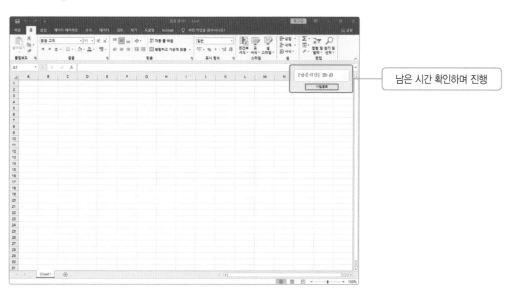

남은 시간 확인하며 진행

• 답안 전송 프로그램에서 자동으로 파일명이 생성되므로, 임의의 파일명을 변경하지 않도록 합니다.

• 답안 파일은 시험 종료 후 감독관에 의해 자동 전송됩니다.

CONTENTS

PART
01

유형사로잡기

CONTENTS

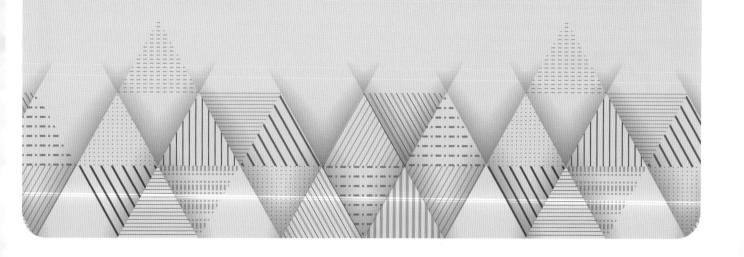

Chapter 01

셀 다루기

>>> **핵심만 쏙쏙** ❶ 행 높이 설정 ❷ 셀 테두리 지정 ❸ 채우기 색 지정 ❹ 셀 맞춤

DIAT 스프레드시트는 주어진 파일로 작업하므로 입력보다는 데이터를 다루는 방법이 중요 합니다. 셀에 대한 처리조건을 잘 보고 설정하면 쉽게 서식을 적용할 수 있습니다.

핵심 짚어보기

▲ 행 높이 : [홈] 탭–[셀] 그룹–[서식]–[행 높이]

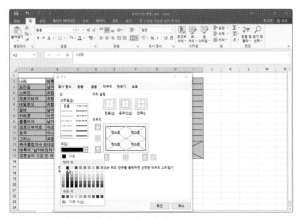

▲ 셀 테두리 : [홈] 탭–[셀] 그룹–[서식]–[셀 서식]

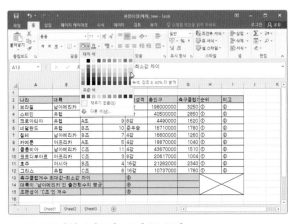

▲ 채우기 색 : [홈] 탭–[글꼴] 그룹–[채우기 색]

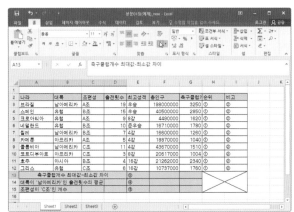

▲ 셀 맞춤 : [홈] 탭–[맞춤] 그룹 이용

클래스 업

- **행 높이** : 행 머리글 위에서 마우스 오른쪽 단추를 누른 후 [행 높이] 메뉴를 이용합니다.
- **채우기 색/셀 맞춤** : [홈] 탭–[글꼴] 그룹 또는 [맞춤] 그룹을 이용하면 편리합니다. 세부적인 서식을 적용할 경우 에만 [셀 서식] 대화상자를 이용하도록 합니다.
- 저장은 Ctrl + S 를 이용해 수시로 하도록 하며, 다른 이름으로 저장은 하지 않도록 합니다.

① 행 높이 설정

1 여러 행 지정

높이를 변경할 행 머리글을 드래그하여 영역으로 지정

2 행 높이 설정

행 머리글 위에서 마우스 오른쪽 단추를 누른
후 [행 높이] 메뉴를 선택하고 행 높이 입력

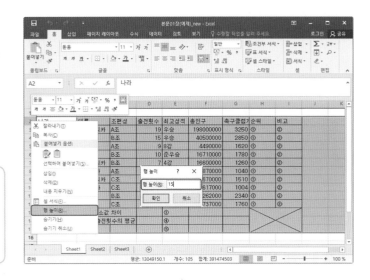

Tip

• [홈] 탭–[셀] 그룹–[서식]–[행 높이]를 이용할 수도 있습니다.

• 시험에서는 1행과 나머지 행의 높이를 각각 설정하도록 작성
조건이 지시됩니다.

② 셀 테두리 지정

1 셀 영역 지정

테두리를 표시할 셀을 드래그하여 영역으로 지정

2 테두리 적용

❶ 마우스 오른쪽 단추를 누른 후 [셀 서식]
메뉴 선택

❷ [셀 서식] 대화상자–[테두리] 탭에서 테두리
지정

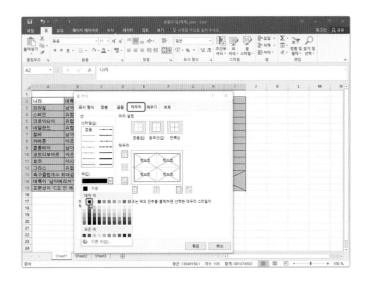

Tip

시험에서는 셀에 대각선을 적용하는 문제도 출제될 수 있으므로 대각선을 적용하는 방법도 알아두도록 합니다.

③ 채우기 색 지정

① 셀 영역 지정

색으로 채울 셀을 드래그하여 영역으로 지정

② 채우기 색 지정

[홈] 탭-[글꼴] 그룹-[채우기 색]을 이용해 조건에 해당하는 색 지정

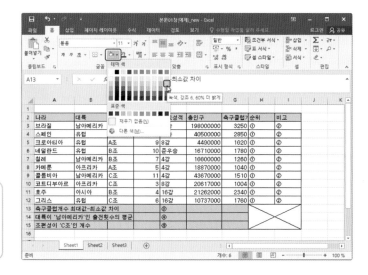

Tip

여러 셀을 같은 색으로 동시에 적용하려면 Ctrl 을 이용하도록 합니다.

④ 셀 맞춤

① 셀 영역 지정

텍스트 맞춤을 설정할 셀을 드래그하여 영역으로 지정

② 셀 맞춤

병합하고 가운데 맞춤 : [홈] 탭-[맞춤] 그룹에서 [병합하고 가운데 맞춤(🔲)] 선택

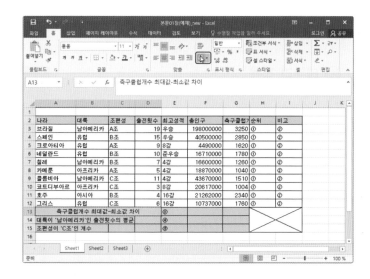

Tip

채우기 색/셀 맞춤

• [홈] 탭-[글꼴] 그룹 또는 [맞춤] 그룹을 이용하면 편리합니다.
• 세부적인 서식을 적용할 경우에만 [셀 서식] 대화상자를 이용하도록 합니다.

1 조건을 이용하여 워크시트에 표시 형식을 지정해 보세요.

예제파일 : 기본01(예제).xlsx
완성파일 : 기본01(완성).xlsx

작성조건
- ▶ 1행의 행 높이는 '60', 2행~13행의 행 높이는 '18'로 설정
- ▶ [A2:G13] : 테두리(안쪽, 윤곽선 모두 실선, '검정, 텍스트 1')
- ▶ [F12:G13] : 테두리(대각선)
- ▶ [A12:D12], [A13:D13] : 각각 셀 병합 후 가운데 맞춤
- ▶ [A2:G2], [A12:D13] : 채우기 색('황금색, 강조 4')

제목	구분	대여료	대여횟수	대여금	연체료	대여순위
열강강무	만화책	300	120	37,100	100	1
대학노트	소설책	800	30	24,800	200	9
선학무문	소설책	800	35	30,400	200	6
원아우-시작의장	만화책	300	60	18,700	100	4
스피디스피디	만화책	300	67	20,700	100	3
마계쟁투	소설책	800	41	33,600	200	5
SF-우주전쟁	DVD	1,500	35	58,800	300	6
내일을 향해	만화책	300	94	31,200	100	2
바람과함께	소설책	800	34	29,400	200	8
만화책 평균 대여금				26,925		
전체 대여금 합계				351,700		

2 조건을 이용하여 워크시트에 표시 형식을 지정해 보세요.

예제파일 : 기본02(예제).xlsx
완성파일 : 기본02(완성).xlsx

작성조건
- ▶ 1행의 행 높이는 '75', 2행~15행의 행 높이는 '18'로 설정
- ▶ [A2:I15] : 테두리(안쪽, 윤곽선 모두 실선, '검정, 텍스트 1'), 전체 가운데 맞춤
- ▶ [A13:G13], [A14:G14], [A15:G15] : 각각 셀 병합 후 가운데 맞춤
- ▶ [A2:I2], [A13:G15] : 채우기 색('파랑, 강조 1, 60% 더 밝게')

이름	학년	과목	중간고사	기말고사	과제	실습	총점	학점
김준휘	1	건축사	85	67	88	88	328	A
송찬식	3	인간공학	92	100	100	85	377	A
우지애	4	건축구조	88	75	75	90	328	A
원미연	1	색채계획	90	60	79	75	304	A
노지원	1	건축디자인	85	88	67	76	316	A
길용우	2	색채계획	66	70	45	100	281	B
우희진	4	건축사	78	60	67	75	280	B
하원희	3	건축사	95	99	85	88	367	A
방지일	2	건축구조	100	88	99	92	379	A
나성희	1	건축디자인	77	79	88	40	284	B
실습 평균							82	
기말고사 점수 중 가장 낮은 점수							60	
건축디자인 과목의 실습 최고점수							96	

Chapter 02

셀 표시 형식

>>> 핵심만 쏙쏙 ❶ 표시 형식(숫자 등) ❷ 표시 형식(사용자 지정)

숫자 또는 통화 등을 이용해 조건에 맞도록 설정하는 형태와 사용자 지정을 이용해 직접 표시
형식을 작성하는 형태로 출제되고 있습니다.

핵심 짚어보기

▲ 숫자 표시 형식

▲ 통화 표시 형식

▲ 날짜 표시 형식

▲ 사용자 지정 표시 형식

클래스 업 표시 형식을 지정하는 절차

❶ 표시 형식을 지정할 영역을 마우스 드래그로 지정 → ❷ 마우스 오른쪽 단추 클릭 → ❸ [셀 서식] 선택 →
❹ [표시 형식] → ❺ 조건에 해당하는 표시 형식 지정

1 표시 형식(숫자, 통화)

1 1000 단위 구분 기호

범주에서 '숫자'를 선택한 후 '1000 단위 구분 기호(,) 사용' 체크

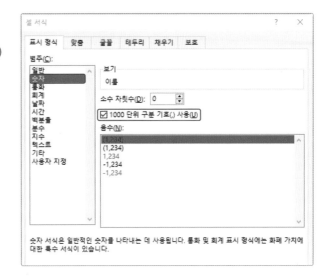

2 소수 자릿수 지정

범주에서 '숫자'를 선택한 후 조건에 해당하는 소수 자릿수 지정

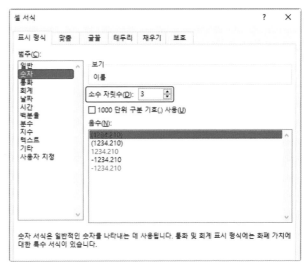

3 통화 지정

범주에서 '통화'를 선택한 후 조건에 해당하는 기호 지정

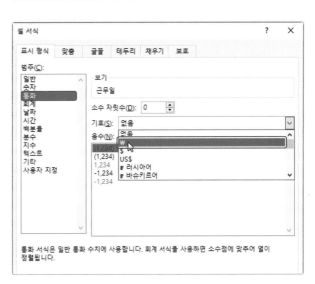

 Tip

시험에서는 표시 형식으로 '회계', '백분율' 등을 이용하는 문제도 출제될 수 있습니다.

표시 형식(날짜, 사용자 지정)

1 날짜 형식 지정

범주에서 '날짜'를 선택한 후 조건에 해당하는 형식 지정

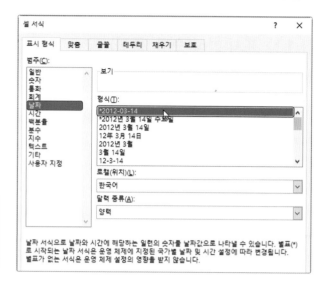

Tip

- 날짜 데이터는 연, 월, 일을 '-' 또는 '/'로 구분합니다.
- 시간 데이터는 시, 분, 초를 ':'로 구분합니다.

2 사용자 지정

범주에서 '사용자 지정'을 선택한 후 조건에 해당하는 형식을 입력

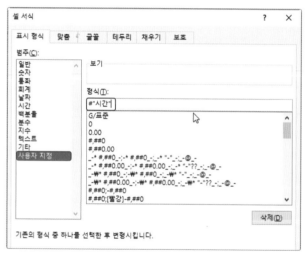

Tip

시험에서는 주로 숫자 뒤에 문자를 표시하는 형태로 출제되고 있습니다. 문자는 " "로 묶어서 작성합니다.

🔊 알고가기

사용자 지정 형식

숫자 데이터	'#'과 '0'이 숫자를 대신하는 문자로 사용	날짜 데이터	'y', 'm', 'd'가 각각 연, 월, 일을 의미
문자 데이터	'@'이 문자열을 의미	시간 데이터	'h', 'm', 's'가 각각 시, 분, 초를 의미

〈작성 예〉 • 표시 형식-사용자 지정을 이용하여 m/dd 적용   • 표시 형식-사용자 지정을 이용하여 #"위"자를 추가

02 빵빵한 예제로 기본다지기

1 조건을 이용하여 워크시트에 표시 형식을 지정해 보세요.

예제파일 : 기본03(예제).xlsx
완성파일 : 기본03(완성).xlsx

작성조건
▶ 1행의 행 높이는 '80', 2행~11행의 행 높이는 '18'로 설정
▶ [A2:G2] : 채우기 색('주황, 강조 2')
▶ [E3:E11], [G3:G11] : 셀 서식의 표시형식-통화를 이용하여 통화기호 "₩" 추가

	거래처	영업사원	판매일	제품명	단가	수량	매출액
3	하나상사	강동엽	2021-01-13	고향참기름 세트	₩35,000	15	₩525,000
4	하나상사	심민섭	2021-01-14	고향김 세트	₩17,000	50	₩850,000
5	단골수퍼	김민주	2021-01-15	왕참치 세트	₩12,000	10	₩120,000
6	단골수퍼	나민지	2021-01-15	고향참기름 세트	₩35,000	30	₩1,050,000
7	하나상사	심민섭	2021-01-15	매실청소스	₩28,000	15	₩420,000
8	하나상사	이수민	2021-01-16	매실청소스	₩29,000	20	₩580,000
9	부자마트	최기열	2021-01-19	고향참기름 세트	₩35,000	10	₩350,000
10	단골수퍼	나민지	2021-01-20	매실청소스	₩29,000	5	₩145,000
11	단골수퍼	나민지	2021-01-20	왕참치 세트	₩12,000	15	₩180,000

2 조건을 이용하여 워크시트에 표시 형식을 지정해 보세요.

예제파일 : 기본04(예제).xlsx
완성파일 : 기본04(완성).xlsx

작성조건
▶ 1행의 행 높이는 '70', 2행~14행의 행 높이는 '18'로 설정
▶ [A2:F2], [A12:B14] : 채우기 색('녹색, 강조 6, 60% 더 밝게')
▶ [D12:F14] : 테두리(대각선)
▶ [A3:A11] : 셀 서식의 표시형식-사용자 지정을 이용하여 m/dd 적용
▶ [C3:C14] : 셀 서식의 표시형식-숫자를 이용하여 1000 단위 구분 기호 추가

	날짜	지출내용	지출금액	항목	구분	결제
3	3/23	쌀 20Kg	64,000	주부식	1	카드
4	3/24	가정의학과 병원	3,200	건강	2	현금
5	3/24	동네약국 약처방	7,100	건강	2	현금
6	3/26	피아노 학원비	90,000	교육	1	카드
7	3/27	떡볶이/순대/어묵	6,000	주부식	2	현금
8	3/28	피자배달	35,100	주부식	1	카드
9	3/28	주유	50,000	차량	1	카드
10	3/29	주차료	11,000	차량	2	현금
11	3/30	아이들 동화책	26,200	교육	1	카드
12	지출금액 합계		292,600			
13	지출금액 최대값 - 최소값		86,800			
14	주부식 지출금액 합계		105,100			

조건을 이용하여 워크시트에 표시 형식을 지정해 보세요.

예제파일 : 기본05(예제).xlsx
완성파일 : 기본05(완성).xlsx

작성조건
▶ [C3:F10], [D11:E11] : 셀 서식의 표시형식−숫자를 이용하여 1000 단위 구분 기호 추가
▶ [D12:E12] : 셀 서식의 표시형식−숫자를 이용하여 소수둘째 자리까지 표시
▶ [G3:G10] : 셀 서식의 표시형식−사용자 지정을 이용하여 #"위"를 추가

	A	B	C	D	E	F	G
1							
2	품목명	품종명	전일거래량	전일거래가	오늘거래량	오늘거래가	오늘거래량순위
3	튜립	네그레타	40	6,200	40	5,810	10위
4	거베라	거베라	7,553	3,950	1,715	4,150	1위
5	튜립	린반덴마크	370	5,040	255	4,940	6위
6	거베라	미니	662	3,800	348	3,650	4위
7	튜립	미스홀랜드	160	5,180	90	4,830	8위
8	금어초	복색	62	3,150	242	2,950	7위
9	금어초	옐로우	64	2,400	311	3,200	5위
10	튜립	카신니	25	3,300	45	2,660	9위
11	오늘거래가의 최고가와 최저가의 차이			5,240			
12	오늘 거래량의 평균			380.75			
13							

 조건을 이용하여 워크시트에 표시 형식을 지정해 보세요.

예제파일 : 기본06(예제).xlsx
완성파일 : 기본06(완성).xlsx

작성조건
▶ [D3:H12] : 셀 서식의 표시형식−사용자 지정을 이용하여 #"점"을 추가
▶ [I3:I12] : 셀 서식의 표시형식−사용자 지정을 이용하여 @"학점"을 추가
▶ [H13:I13] : 셀 서식의 표시형식−숫자를 이용하여 소수둘째 자리까지 표시

	A	B	C	D	E	F	G	H	I
1									
2	이름	학년	과목	중간고사	기말고사	과제	실습	총점	학점
3	김준휘	1	건축사	85점	67점	88점	88점	328점	A학점
4	송찬식	3	인간공학	92점	100점	100점	85점	377점	A학점
5	우지애	4	건축구조	88점	75점	75점	90점	328점	A학점
6	원미연	1	색채계획	90점	60점	79점	75점	304점	A학점
7	노지원	1	건축디자인	85점	88점	67점	76점	316점	A학점
8	길용우	2	색채계획	66점	70점	45점	100점	281점	B학점
9	우희진	4	건축사	78점	60점	67점	75점	280점	B학점
10	하원희	3	건축사	95점	99점	85점	88점	367점	A학점
11	방지일	2	건축구조	100점	88점	99점	92점	379점	A학점
12	나성희	1	건축디자인	77점	79점	88점	40점	284점	B학점
13	실습 평균							80.90	
14									

Chapter 03

조건부 서식

>>> 핵심만 쏙쏙 ❶ 수식을 이용한 조건부 서식

조건부 서식은 조건을 만족하는 셀에만 서식을 적용하는 기능입니다. 시험에서는 주로 수식을 이용하여 레코드 전체에 서식을 적용되는 문제가 출제되고 있습니다.

핵심 짚어보기

▲ [홈] 탭-[스타일] 그룹-[조건부 서식]-[새 규칙]

▲ [새 서식 규칙] 대화상자 이용

클래스 업

• 처음 조건부 서식을 지정할 경우에는 [홈] 탭-[스타일] 그룹-[조건부 서식]-[새 규칙] 메뉴를 선택합니다.

• [새 서식 규칙] 대화상자에서는 규칙 유형으로 '수식을 사용하여 서식을 지정할 셀 결정'을 선택합니다.

1 ▸ 조건부 서식

① 범위 지정

마우스 드래그를 이용해 조건부 서식을 적용할 범위 지정

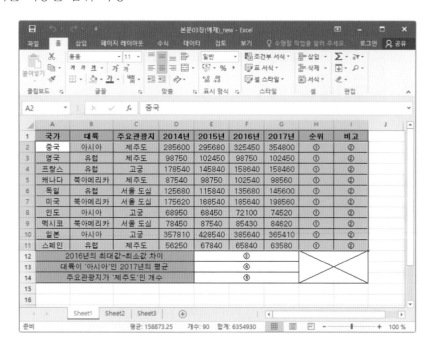

② [새 규칙] 메뉴

[홈] 탭-[스타일] 그룹-[조건부 서식]-[새 규칙] 메뉴 선택

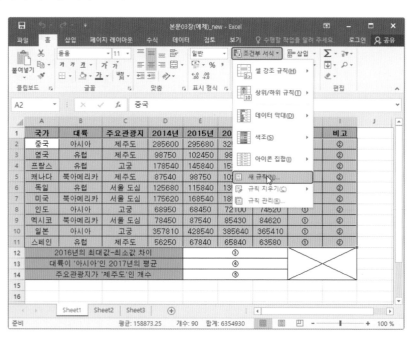

Tip

시험에서는 주로 특정 열의 데이터와 비교하여 조건을 만족하면 레코드(행) 전체에 서식이 적용하도록 처리조건이 지시됩니다.

② 수식을 이용한 조건부 서식

① 규칙 유형 선택

[새 서식 규칙] 대화상자에서 '수식을 사용하여 서식을 지정할 셀 결정' 선택

② 수식 및 서식 지정

① 조건에 해당하는 수식을 입력한 후 [서식] 단추 클릭
② 조건에 해당하는 서식 지정

Tip 혼합 참조

- 셀 주소의 행 또는 열에만 $를 표시하여 행이나 열 중 하나만 고정합니다.
- 예) =$C2="제주도" → C열만 고정
- 셀의 참조 형식에 대한 자세한 설명은 27Page를 참고하세요.

③ 결과 확인

레코드(행) 전체에 대하여 조건에 해당하는 서식 적용

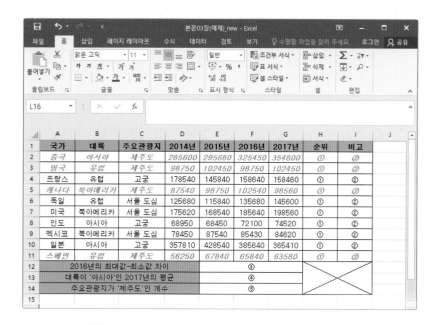

국가	대륙	주요관광지	2014년	2015년	2016년	2017년	순위	비고
중국	아시아	제주도	285600	295680	325450	354800	①	②
영국	유럽	제주도	98750	102450	98750	102450	①	②
프랑스	유럽	고궁	178540	145840	158640	158460	①	②
캐나다	북아메리카	제주도	87540	98750	102540	98560	①	②
독일	유럽	서울 도심	125680	115840	135680	145600	①	②
미국	북아메리카	서울 도심	175620	168540	185640	198560	①	②
인도	아시아	고궁	68950	68450	72100	74520	①	②
멕시코	북아메리카	서울 도심	78450	87540	85430	84620	①	②
일본	아시아	고궁	357810	428540	385640	365410	①	②
스페인	유럽	제주도	56250	67840	65840	63580	①	②
2016년의 최대값-최소값 차이				③				
대륙이 '아시아'인 2017년의 평균				④				
주요관광지가 '제주도'인 개수				⑤				

1 **작성조건을 이용하여 워크시트에 조건부 서식을 지정해 보세요.**

예제파일 : 기본07(예제).xlsx
완성파일 : 기본07(완성).xlsx

작성조건 ▶ 조건부 서식[A3:G10] : 품목명이 "튜립"인 경우 레코드 전체에 글꼴('주황, 강조 2', 굵은 기울임꼴) 적용

	A	B	C	D	E	F	G
1							
2	품목명	품종명	전일거래량	전일거래가	오늘거래량	오늘거래가	오늘거래량순위
3	튜립	네그레타	40	6,200	40	5,810	10 위
4	거베라	거베라	7,553	3,950	1,715	4,150	1 위
5	튜립	런반덴마크	370	5,040	255	4,940	6 위
6	거베라	미니	662	3,800	348	3,650	4 위
7	튜립	미스홀랜드	160	5,180	90	4,830	8 위
8	금어초	복색	62	3,150	242	2,950	7 위
9	금어초	옐로우	64	2,400	311	3,200	5 위
10	튜립	카신니	25	3,300	45	2,660	9 위
11	오늘거래량과 오늘거래가 평균			357	4,635		
12	오늘거래가의 최고가와 최저가의 차이			5,240			
13	오늘 거래된 튜립 거래량의 합계			1,308			
14							

Tip 조건부 서식의 수식

=$A3="튜립"

2 **작성조건을 이용하여 워크시트에 조건부 서식을 지정해 보세요.**

예제파일 : 기본08(예제).xlsx
완성파일 : 기본08(완성).xlsx

작성조건 ▶ 조건부 서식[A3:I12] : 총점이 350 이상인 경우 레코드 전체에 글꼴(자주, 굵게) 적용

	A	B	C	D	E	F	G	H	I
1									
2	이름	학년	과목	중간고사	기말고사	과제	실습	총점	학점
3	김준휘	1	건축사	85점	67점	88점	88점	328점	A학점
4	송찬식	3	인간공학	92점	100점	100점	85점	377점	A학점
5	우지애	4	건축구조	88점	75점	75점	90점	328점	A학점
6	원미연	1	색채계획	90점	60점	79점	75점	304점	A학점
7	노지원	1	건축디자인	85점	88점	67점	76점	316점	A학점
8	길용우	2	색채계획	66점	70점	45점	100점	281점	B학점
9	우희진	4	건축사	78점	60점	67점	75점	280점	B학점
10	하원희	3	건축사	95점	99점	85점	88점	367점	A학점
11	방지일	2	건축구조	100점	88점	99점	92점	379점	A학점
12	나성희	1	건축디자인	77점	79점	88점	40점	284점	B학점
13	실습 평균							82점	
14	기말고사 점수 중 가장 낮은 점수							60점	
15	건축디자인 과목의 실습 최고점수							96점	
16									

Tip 조건부 서식의 수식

=$H3>=350

Chapter 04

도형으로 제목 작성

>>> 핵심만 쏙쏙 ❶ 도형 작성 ❷ 도형 편집

[문제1]에서는 도형을 이용해 제목을 작성하는 문제가 출제되고 있습니다.

핵심 짚어보기

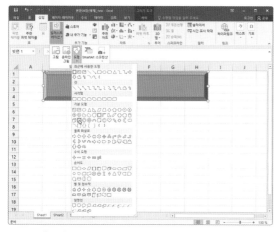

▲ 도형 : [삽입] 탭–[일러스트레이션] 그룹–[도형] 이용

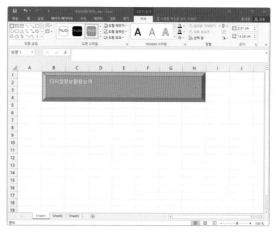

▲ 도형 스타일 : [그리기 도구]–[서식] 탭–[도형 스타일] 이용

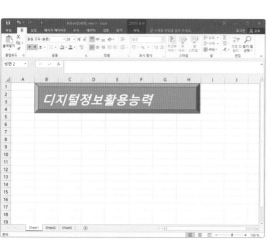

▲ 도형 글꼴 : [홈] 탭–[글꼴] 그룹 이용

▲ [도형 서식] 대화상자

클래스 업

도형은 워크시트의 제목 지정을 위해 사용되며 위치, 크기, 서식, 맞춤 등을 적용합니다.

① 도형 작성

도형 삽입

[삽입] 탭-[일러스트레이션] 그룹-[도형]에서
조건에 해당하는 도형 삽입

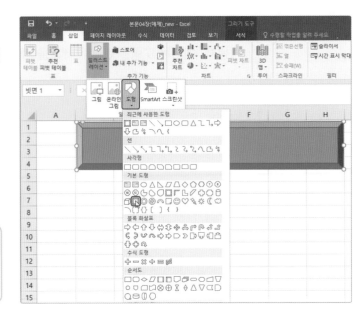

Tip

도형의 풍선 도움말을 이용해 조건에 해당하는 도형을 정확히
작성해야 합니다.

② 도형 편집

1 도형 글꼴

[홈] 탭-[글꼴] 그룹을 이용해 조건에 해당하
는 글꼴 지정

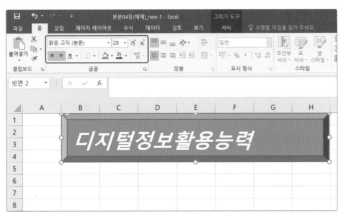

2 도형 스타일

❶ 도형 선택 후 [그리기 도구]-[서식] 탭-[도
   형 스타일] 그룹에서 '자세히(▾)' 단추 클릭
❷ 풍선 도움말을 이용해 조건에 해당하는 스
   타일 지정

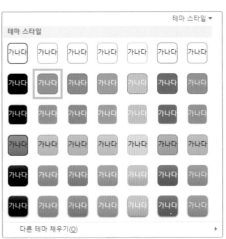

Tip

[도형 스타일] 그룹에서 [도형 채우기]와 [도형 효과]를 이용하는
방법도 알아두도록 합니다.

③ [도형 서식] 대화상자 열기

[그리기 도구]–[서식] 탭–[도형 스타일] 그룹의 오른쪽 하단에 있는 [도형 서식(▣)] 단추 클릭

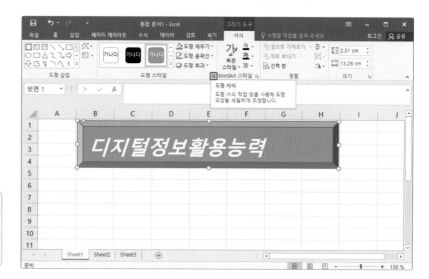

Tip

도형을 선택하고 마우스 오른쪽 단추를 클릭한 후 [도형 서식] 메뉴를 이용할 수도 있습니다.

④ 텍스트 레이아웃

[도형 서식] 대화상자–[텍스트 상자]에서 조건에 해당하는 텍스트 레이아웃 지정
(세로 맞춤 : 정가운데, 텍스트 방향 : 가로)

Tip

[도형 서식] 대화상자를 이용해 [채우기], [선 색], [선 스타일] 등을 지정하는 방법도 알아두도록 합니다.

📢 알고가기

도형의 크기 지정

- [그리기 도구]–[서식] 탭–[크기] 그룹의 오른쪽 하단에 있는 [크기 및 속성(▣)] 단추를 이용합니다.
- 도형을 선택하고 마우스 오른쪽 단추를 클릭한 후 [크기 및 속성] 메뉴를 이용할 수도 있습니다.

1 **작성조건을 이용하여 제목을 만들어 보세요.**

예제파일 : 기본09(예제).xlsx
완성파일 : 기본09(완성).xlsx

작성조건 ▶ 제목("2021년 절화 경매 시세") : 기본 도형의 '빗면'을 이용하여 입력하시오.
- 도형 : 위치(B1:F1), 도형 스타일(미세 효과 – '파랑, 강조 1')
- 글꼴 : HY견고딕, 24pt, 기울임꼴
- 도형 서식 : 텍스트 상자(세로 맞춤 : 정가운데, 텍스트 방향 : 가로)

	A	B	C	D	E	F	G
1			**2021년 절화 경매 시세**				
2	품목명	품종명	전일거래량	전일거래가	오늘거래량	오늘거래가	오늘거래량순위
3	튜립	네그레타	40	6,200	40	5,810	10 위
4	거베라	거베라	7,553	3,950	1,715	4,150	1 위
5	튜립	린반덴마크	370	5,040	255	4,940	6 위
6	거베라	미니	662	3,800	348	3,650	4 위
7	튜립	미스홀랜드	160	5,180	90	4,830	8 위
8	금어초	복색	62	3,150	242	2,950	7 위
9	금어초	옐로우	64	2,400	311	3,200	5 위
10	튜립	카신니	25	3,300	45	2,660	9 위
11	오늘거래량과 오늘거래가 평균			357	4,635		
12	오늘거래가의 최고가와 최저가의 차이			5,240			
13	오늘 거래된 튜립 거래량의 합계			1,308			
14							

2 **작성조건을 이용하여 제목을 만들어 보세요.**

예제파일 : 기본10(예제).xlsx
완성파일 : 기본10(완성).xlsx

작성조건 ▶ 제목("건축공학과 1학기 성적") : 별 및 현수막의 '이중 물결'을 이용하여 입력하시오.
- 도형 : 위치(B1:H1), 도형 스타일(강한 효과 – '파랑, 강조 5')
- 글꼴 : 궁서, 24pt, 굵게, 기울임꼴
- 도형 서식 : 텍스트 상자(세로 맞춤 : 정가운데, 텍스트 방향 : 가로)

	A	B	C	D	E	F	G	H	I
1			**건축공학과 1학기 성적**						
2	이름	학년	과목	중간고사	기말고사	과제	실습	총점	학점
3	김준휘	1	건축사	85점	67점	88점	88점	328점	A학점
4	송찬식	3	인간공학	92점	100점	100점	85점	377점	A학점
5	우지애	4	건축구조	88점	75점	75점	90점	328점	A학점
6	원미연	1	색채계획	90점	60점	79점	75점	304점	A학점
7	노지원	1	건축디자인	85점	88점	67점	76점	316점	A학점
8	길용우	2	색채계획	66점	70점	45점	100점	281점	B학점
9	우희진	4	건축사	78점	60점	67점	75점	280점	B학점
10	하원희	3	건축사	95점	99점	85점	88점	367점	A학점
11	방지일	2	건축구조	100점	88점	99점	92점	379점	A학점
12	나성희	1	건축디자인	77점	79점	88점	40점	284점	B학점
13	실습 평균							82점	
14	기말고사 점수 중 가장 낮은 점수							60점	
15	건축디자인 과목의 실습 최고점수							96점	
16									

수식 작성하기

>>> 핵심만 쏙쏙 ❶ 수식 작성의 기본 ❷ 셀의 참조 형식 ❸ 비교 연산자

함수와 관련된 문제가 주로 출제되지만 함수를 이용하려면 기본적으로 수식을 어떻게 작성해야 하는지 알아두어야 합니다.

핵심 짚어보기

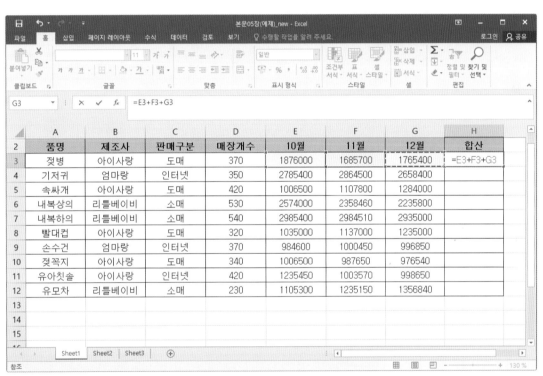

▲ 셀을 참조한 수식 작성

클래스 업

- 수식은 등호(=)를 입력하고 연산자를 이용하여 결과값을 구합니다.
- 수식 입력줄에 작성한 수식이 표시되고, 셀에는 수식의 결과가 표시됩니다.
- 셀을 참조하는 방식은 절대, 상대, 혼합 형태가 있습니다.

① 수식 작성의 기본

1 수식의 작성

▶ 수식은 등호(=)를 먼저 입력하고 숫자나 셀 주소를 연산자로 연결하여 작성

▶ 수식에서 먼저 계산되어야 할 우선순위는 괄호로 묶어서 지정

▶ :(콜론)은 두 셀 사이의 모든 셀을 참조할 때 사용(예 : A1:C5)

Tip

수식에서 계산에 주로 사용되는 연산자는 + (덧셈), − (뺄셈), * (곱셈), /(나눗셈)입니다.

2 수식의 표시

▶ 수식을 입력하고 Enter 를 누르면 셀에 결과값이 표시되고, 수식 입력줄에는 작성한 수식이 표시

▶ 수식에서 참조하는 셀 주소는 직접 입력하거나 마우스로 클릭하여 지정할 수 있으며, 참조하는 셀의 값을 변경하면 결과값도 자동으로 변경

▶ 결과값 셀의 채우기 핸들을 끌면 수식에서 참조하는 셀 주소가 자동으로 변경되면서 값이 채워짐

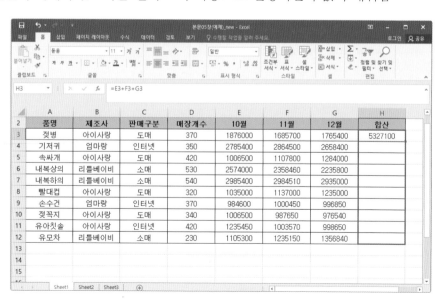

② 셀의 참조 형식

1 상대 참조

셀 주소의 행과 열에 아무런 표시를 하지 않음

2 절대 참조

셀 주소의 행과 열에 모두 $를 표시하여 고정

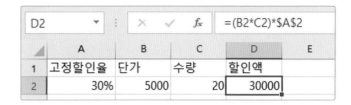

3 혼합 참조

셀 주소의 행 또는 열에만 $를 표시하여 행이나 열 중 하나만 고정

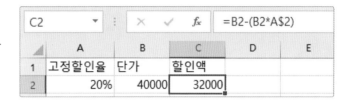

Tip

수식에서 셀을 참조하기 위해 상대, 절대, 혼합 참조 형식으로 변경할 때 F4 를 이용하면 편리합니다.

③ 비교 연산자

비교 연산자	의미	예
=(등호)	같음	A1=B1
〉(보다 큰 기호)	보다 큼	A1〉B1
〈(보다 작음 기호)	보다 작음	A1〈B1
〉=(크거나 같음 기호)	크거나 같음(이상)	A1〉=B1
〈=(작거나 같음 기호)	작거나 같음(이하)	A1〈=B1
〈〉(같지 않음 기호)	같지 않음	A1〈〉B1

Tip

• 비교 연산자는 두 값을 비교하여 그 결과가 올바른지(TRUE), 잘못되었는지(FALSE) 구분하기 위해 사용합니다.

• 시험에서는 수식에서 값을 비교할 때, 조건부 서식이나 고급 필터에서 조건을 작성할 때 주로 사용합니다.

1 작성조건을 이용하여 수식을 작성해 보세요.

예제파일 : 기본11(예제).xlsx
완성파일 : 기본11(완성).xlsx

작성조건 ▶ [C4] 셀에 혼합 참조를 이용한 수식을 작성하고 [J12] 셀까지 채우기

	A	B	C	D	E	F	G	H	I	J
1										
2						단				
3			2	3	4	5	6	7	8	9
4		1	2	3	4	5	6	7	8	9
5		2	4	6	8	10	12	14	16	18
6		3	6	9	12	15	18	21	24	27
7		4	8	12	16	20	24	28	32	36
8		5	10	15	20	25	30	35	40	45
9		6	12	18	24	30	36	42	48	54
10		7	14	21	28	35	42	49	56	63
11		8	16	24	32	40	48	56	64	72
12		9	18	27	36	45	54	63	72	81
13										

Tip

[C4] 셀 수식 : =$B4 * C$3

2 작성조건을 이용하여 수식을 작성해 보세요.

예제파일 : 기본12(예제).xlsx
완성파일 : 기본12(완성).xlsx

작성조건
▶ 판매가격[E3:E11] : '단가'×'판매수량'을 이용하여 판매가격을 계산하시오.
▶ 매출액[G3:G11] : '판매가격'−('판매가격'×'할인율')로 매출액을 계산하시오.
▶ 하나상사에 대한 매출액 합계[E13]를 수식으로 계산하시오.
▶ 매실청소스 제품의 평균 판매수량[E14]을 수식으로 계산하시오.

	A	B	C	D	E	F	G
1							
2	거래처	제품명	단가	판매수량	판매가격	할인율	매출액
3	하나상사	고향참기름 세트	₩ 35,000	15	₩ 525,000	5%	₩ 498,750
4	하나상사	고향김 세트	₩ 17,000	50	₩ 850,000	6%	₩ 799,000
5	단골수퍼	왕참치 세트	₩ 12,000	10	₩ 120,000	2%	₩ 117,600
6	단골수퍼	고향참기름 세트	₩ 35,000	30	₩ 1,050,000	8%	₩ 966,000
7	하나상사	매실청소스	₩ 28,000	15	₩ 420,000	4%	₩ 403,200
8	하나상사	매실청소스	₩ 29,000	20	₩ 580,000	5%	₩ 551,000
9	부자마트	고향참기름 세트	₩ 35,000	10	₩ 350,000	3%	₩ 339,500
10	단골수퍼	매실청소스	₩ 29,000	10	₩ 290,000	2%	₩ 284,200
11	단골수퍼	왕참치 세트	₩ 12,000	15	₩ 180,000	2%	₩ 176,400
12							
13	하나상사에 대한 매출액 합계				₩ 2,251,950		
14	매실청소스 제품의 평균 판매수량				15		
15							

Tip

• [E3] 셀 : =C3 * D3   • [G3] 셀 : =E3−(E3 * F3)   • [E13] 셀 : =G3+G4+G7+G8   • [E14] 셀 : =(D7+D8+D10)/3

함수로 값 구하기

>>> 핵심만 쏙쏙 ❶ 함수 마법사 ❷ 함수 추가 ❸ 주요 함수 ❹ 함수 작성

함수와 관련된 문제는 우선 원하는 결과값이 무엇인지 파악하는 것이 중요합니다.

시험에서는 어떤 함수를 이용해야 하는지 처리조건으로 주어집니다.

핵심 짚어보기

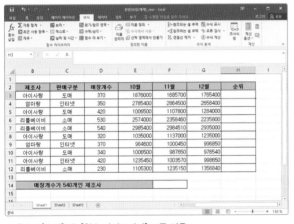

▲ 함수 : [수식] 탭-[함수 라이브러리] 그룹 이용

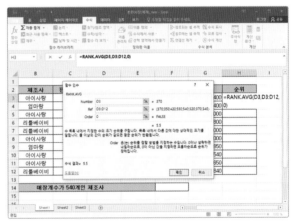

▲ [함수 마법사] 대화상자

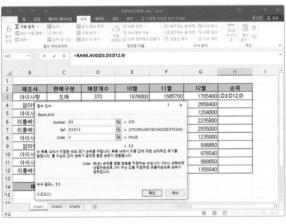

▲ [함수 인수] 대화상자

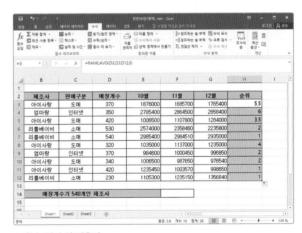

▲ 함수 결과 및 채우기

클래스 업

• 함수의 사용 방법을 알고 있을 경우에는 형식에 맞추어 셀에 직접 입력할 수 있습니다.

• 직접 입력 시에 등호(=)로 시작해야 하며, 문자는 큰따옴표(" ")로 묶여야 합니다.

1 함수 마법사

1 [함수 마법사] 대화상자 열기

❶ 함수를 작성하려는 셀에 셀 포인터를 위치시킴

❷ [수식] 탭-[함수 라이브러리] 그룹에서 [함수 삽입] 선택

2 함수 선택

[함수 마법사] 대화상자에서 조건에 해당하는 함수 선택

2 함수 추가

1 다른 함수 선택

▶ 2가지 이상의 함수를 결합하여 결과값을 구할 때 [함수 인수] 대화상자에서 다른 함수를 추가

▶ 인수 입력란에 커서를 위치시키고 수식 입력줄 왼쪽의 목록 단추를 클릭하여 '함수 추가...'를 선택

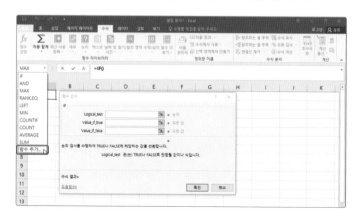

② 추가 함수 작성

▶ [함수 마법사] 대화상자에서 추가하여 사용
할 함수 선택

▶ [함수 인수] 대화상자에서 함수 형식에 맞도
록 작성

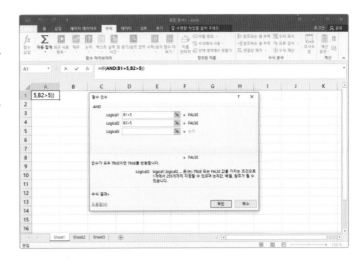

③ 이전 함수로 복귀

▶ 수식 입력줄에서 이전 함수명을 클릭

▶ 처음에 호출한 [함수 인수] 대화상자가 나타
나면서 추가하여 작성한 함수 내용이 입력
란에 표시

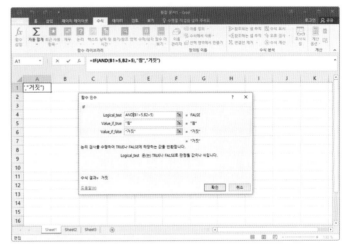

③ 주요 함수

통계 함수	AVERAGE, MAX, MIN, COUNT, COUNTA, COUNTIF, RANK, MEDIAN, MODE, LARGE, SMALL
수학/삼각 함수	SUM, SUMIF, ROUND, ROUNDDOWN, ROUNDUP, ABS, INT
논리 함수	IF, AND, OR, NOT
데이터베이스 함수	DSUM, DAVERAGE, DMIN, DMAX, DCOUNTA, DCOUNT
날짜/시간 함수	YEAR, MONTH, DAY, DATE, TODAY, HOUR, MINUTE, SECOND, TIME
텍스트 함수	LEFT, RIGHT, MID
찾기/참조 영역 함수	INDEX, MATCH

Tip

- **빨간색** : 최근 시험에서 가장 많이 출제되었던 함수입니다.
- **파란색** : 최근 시험에서 1번 이상 출제되었던 함수입니다.
- **검정색** : 최근 시험에는 출제되지 않았지만 알아 두어야하는 함수입니다.

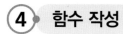

4 함수 작성

※ 함수 활용예제 : 부록자료의 [함수작성] 폴더를 이용하시오.

1 통계 함수 | 예제파일 : 본문06-1(예제).xlsx

AVERAGE	인수의 평균을 반환
형식	AVERAGE(number1, number2, ...) number1, number2, ... : 평균을 구하려는 인수

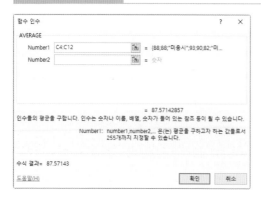 

MAX	인수 목록에서 최대값을 반환
형식	MAX(number1, number2, ...) number1, number2, ... : 최대값을 구할 인수

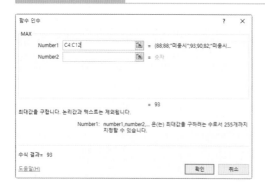 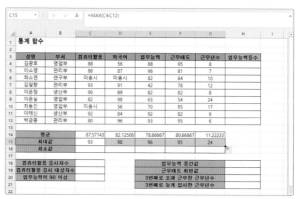

MIN	인수 목록에서 최소값을 반환
형식	MIN(number1, number2, ...) number1, number2, ... : 최소값을 구할 인수

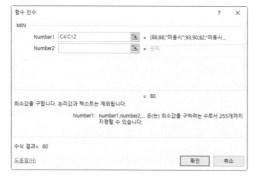 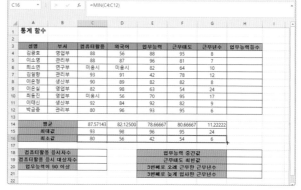

COUNT	인수 목록에서 숫자가 포함된 셀의 개수를 반환
형식	COUNT(value1, value2, ...) value1, value2, ... : 여러 데이터 형식을 포함하거나 참조하는 인수(숫자만 포함)

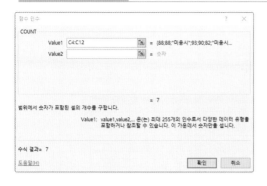

COUNTA	인수 목록에서 비어 있지 않은 셀의 개수를 반환
형식	COUNTA(value1, value2, ...) value1, value2, ... : 개수를 계산할 값을 나타내는 인수

COUNTIF	영역 내에서 주어진 조건을 만족하는 셀의 개수를 반환
형식	COUNTIF(range, criteria) range : 개수를 계산할 하나 이상의 셀 criteria : 텍스트, 숫자, 식 또는 셀 참조의 형식으로 된 조건

RANK	인수 목록에서 지정한 수의 크기 순위를 반환
형식	RANK(number, ref, order) number : 순위를 구하려는 수 ref : 숫자 목록의 배열 또는 참조(순위를 구하려는 대상은 절대 참조로 변환) order : 순위 결정 방법을 지정하는 수(0이나 생략하면 내림차순, 1이면 오름차순)

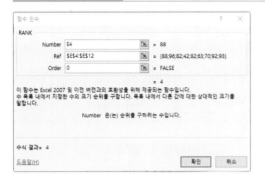 

MEDIAN	주어진 수 집합의 중간값을 반환
형식	MEDIAN(number1, number2, ...) number1, number2, ... : 중간값을 계산할 인수

MODE	데이터 집합에서 가장 많이 나오는 값(최빈값)을 반환
형식	MODE(number1, number2, ...) number1, number2, ... : 최빈값을 계산할 인수

LARGE	데이터 집합에서 k번째로 큰 값을 반환
형식	LARGE(array, k) array : k번째로 큰 값을 확인할 데이터 배열 또는 영역 k : 배열 또는 셀 범위에서 몇 번째로 큰 값을 구할 것인지 지정

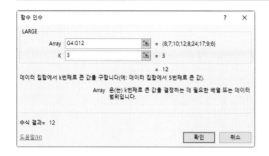 

SMALL	데이터 집합에서 k번째로 작은 값을 반환
형식	SMALL(array, k) array : k번째로 작은 값을 구할 숫자 데이터 영역 또는 배열 k : 배열 또는 셀 범위에서 몇 번째로 작은 값을 구할 것인지 지정

2 수학/삼각 함수 | 예제파일 : 본문06-2(예제).xlsx

SUM	인수의 합계를 반환
형식	SUM(number1, number2, ...) number1, number2, ... : 합계를 구하려는 인수

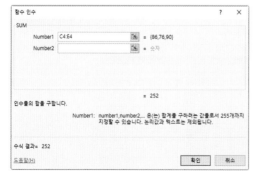 

SUMIF	주어진 조건에 따라 지정된 셀의 합계
형식	SUMIF(range, criteria, sum_range) range : 조건을 적용할 셀 영역 criteria : 추가할 셀을 정의하는 숫자, 식 또는 텍스트 형태의 조건 sum_range : 셀이 조건에 맞는 경우 실제로 더할 셀

ROUND	수를 지정된 자릿수로 반올림
형식	ROUND(number, num_digits) number : 반올림할 수 num_digits : 숫자를 반올림할 자릿수

Tip ROUND, ROUNDDOWN, ROUNDUP는 작성 형식이 같습니다.

ROUNDDOWN	0에 가까운 방향으로 수를 버림
형식	ROUNDDOWN(number, num_digits) number : 버림 할 실수 num_digits : 숫자를 버림 할 자릿수

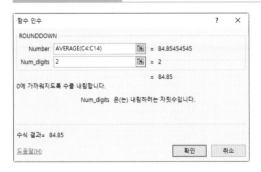 

ROUNDUP	0에서 먼 방향으로 수를 올림
형식	ROUNDUP(number, num_digits) number : 올림 할 실수 num_digits : 숫자를 올림 할 자릿수

ABS	절대값을 반환
형식	ABS(number) number : 절대값을 구하려는 실수

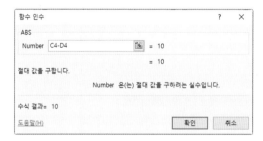

INT	가장 가까운 정수로 내림
형식	INT(number) number : 정수로 내림 할 실수

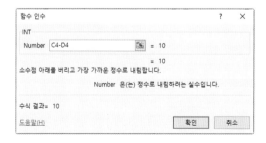

3 논리 함수 | 예제파일 : 본문06-3(예제).xlsx

IF	지정한 조건이 맞으면 특정 값을 반환하고 틀리면 다른 값을 반환
형식	IF(logical_test, value_if_true, value_if_false) logical_test : TRUE나 FALSE로 평가될 수 있는 임의의 값 또는 식 value_if_true : logical_test가 TRUE인 경우에 반환되는 값 value_if_false : logical_test가 FALSE인 경우에 반환되는 값

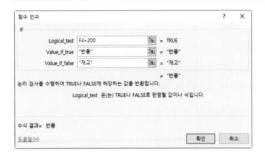

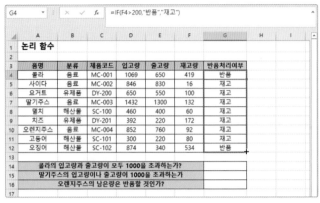

AND	인수가 모두 맞으면 참(TRUE), 하나라도 틀리면 거짓(FALSE) 반환
형식	AND(logical1,logical2, ...) logical1, logical2, ... : TRUE 또는 FALSE를 검사할 조건으로써, 1개에서 255개까지 지정 가능

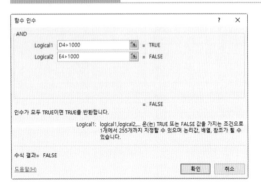

OR	맞는 인수가 하나라도 있으면 참(TRUE), 모든 인수가 틀리면 거짓(FALSE) 반환
형식	OR(logical1, logical2, ...) logical1, logical2, ... : TRUE 또는 FALSE를 검사할 조건으로써, 1개에서 255개까지 지정 가능

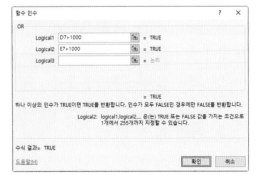

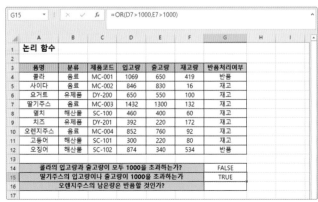

NOT	인수 값의 반대를 반환
형식	NOT(logical) logical : TRUE 또는 FALSE를 판정할 수 있는 값이나 식(값이 특정 값과 같지 않도록 할 때 사용)

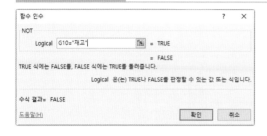

4 데이터베이스 함수 | 예제파일 : 본문06-4(예제).xlsx

DSUM	목록이나 데이터베이스의 레코드 필드(열)에서 지정한 조건에 맞는 값의 합계
형식	DSUM(database, field, criteria) database : 데이터베이스나 목록으로 지정할 셀 영역 field : 함수에 사용되는 열을 지정 criteria : 지정하는 조건이 포함된 셀 영역

데이터베이스 함수의 작성 방법과 형식은 모두 같습니다.

DAVERAGE	목록이나 데이터베이스의 레코드 필드(열)에서 지정한 조건에 맞는 값의 평균
형식	DAVERAGE(database, field, criteria) database : 데이터베이스나 목록으로 지정할 셀 영역 field : 함수에 사용되는 열을 지정 criteria : 지정하는 조건이 포함된 셀 영역

DMIN	목록이나 데이터베이스의 레코드 필드(열)에서 지정한 조건에 맞는 값의 최소값
형식	DMIN(database, field, criteria) database : 데이터베이스나 목록으로 지정할 셀 영역 field : 함수에 사용되는 열을 지정 criteria : 지정하는 조건이 포함된 셀 영역

DMAX	목록이나 데이터베이스의 레코드 필드(열)에서 지정한 조건에 맞는 값의 최대값
형식	DMAX(database, field, criteria) database : 데이터베이스나 목록으로 지정할 셀 영역 field : 함수에 사용되는 열을 지정 criteria : 지정하는 조건이 포함된 셀 영역

DCOUNTA	목록이나 데이터베이스의 레코드 필드(열)에서 지정한 조건에 맞는 셀 중 비어 있지 않은 셀의 개수
형식	DCOUNTA(database, field, criteria) database : 데이터베이스나 목록으로 지정할 셀 영역 field : 함수에 사용되는 열을 지정 criteria : 지정하는 조건이 포함된 셀 영역

DCOUNT	목록이나 데이터베이스의 레코드 필드(열)에서 지정한 조건에 맞는 숫자가 있는 셀의 개수
형식	DCOUNT(database, field, criteria) database : 데이터베이스나 목록으로 지정할 셀 영역 field : 함수에 사용되는 열을 지정 criteria : 지정하는 조건이 포함된 셀 영역

5 날짜/시간 함수 | 예제파일 : 본문06-5(예제).xlsx

YEAR	날짜에 해당하는 연도를 반환
형식	YEAR(serial_number) serial_number : 연도를 구할 날짜

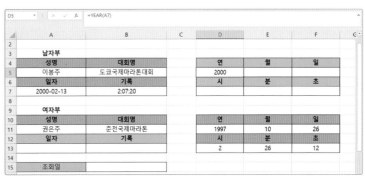

MONTH	일련번호로 나타낸 날짜의 월을 반환
형식	MONTH(serial_number) serial_number : 월을 구할 날짜

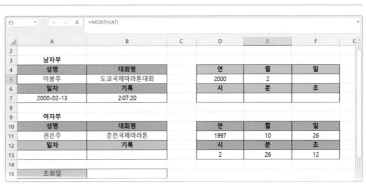

DAY	제공된 날짜에서 일에 대한 일련번호를 반환
형식	DAY(serial_number) serial_number : 일을 구할 날짜

DATE	특정 날짜를 나타내는 순차 일련번호를 반환
형식	DATE(year, month, day) year : 한 자리부터 네 자리 숫자까지 사용 가능 month : 1월에서 12월 사이의 월을 나타내는 양의 정수나 음의 정수 day : 1일에서 31일 사이의 일을 나타내는 양의 정수나 음의 정수

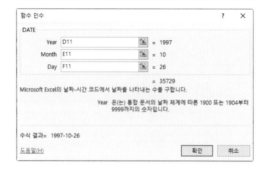
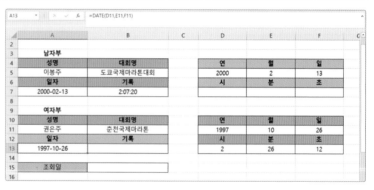

TODAY	현재 날짜의 일련번호를 반환
형식	TODAY( ) 현재 사용 중인 시스템에 설정되어 있는 날짜가 자동 적용

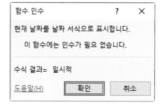
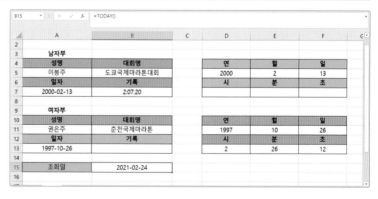

HOUR	시간 값의 시를 반환
형식	HOUR(serial_number) serial_number : 시를 계산할 시간 값

MINUTE	시간 값의 분을 반환
형식	MINUTE(serial_number) serial_number : 분을 계산할 시간 값

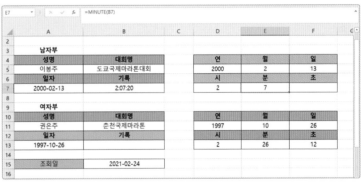

SECOND	시간 값의 초를 반환
형식	SECOND(serial_number) serial_number : 초를 계산할 시간 값

TIME	특정 시간을 나타내는 시, 분, 초 형식으로 변환
형식	TIME(hour, minute, second) hour : 시간을 나타내는 0에서 32767 사이의 숫자(23보다 큰 값은 24로 나눈 나머지로 처리) minute : 분을 나타내는 0에서 32767 사이의 숫자(59보다 큰 값은 시간과 분으로 변환) second : 초를 나타내는 0에서 32767 사이의 숫자(59보다 큰 값은 시간, 분, 초로 변환)

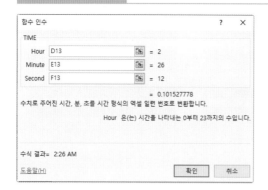 

6 텍스트 함수 | 예제파일 : 본문06-6(예제).xlsx

LEFT	텍스트 문자열의 첫 번째 문자부터 지정한 개수의 문자를 반환
형식	LEFT(text, num_chars) text : 추출할 문자가 들어 있는 텍스트 문자열 num_chars : LEFT 함수로 추출할 문자 수

RIGHT	텍스트 문자열의 마지막 문자부터 지정한 개수의 문자를 반환
형식	RIGHT(text, num_chars) text : 추출할 문자가 들어 있는 텍스트 문자열 num_chars : RIGHT 함수로 추출할 문자 수

MID	텍스트 문자열의 지정된 위치에서부터 지정한 개수의 문자를 반환
형식	MID(text, start_num, num_chars) text : 추출할 문자가 들어 있는 텍스트 문자열 start_num : 추출할 첫 문자의 위치 num_chars : MID 함수를 사용하여 텍스트에서 반환할 문자의 개수를 지정

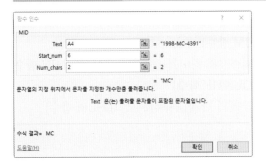

7 찾기/참조 영역 함수 | 예제파일 : 본문06-7(예제).xlsx

INDEX	테이블이나 영역에서 값 또는 값에 대한 참조를 반환(배열형과 참조형)
형식	배열형 : INDEX(array, row_num, column_num) array : 배열 상수나 셀 영역 row_num : 값을 반환할 배열이나 참조의 행을 선택 column_num : 값을 반환할 배열이나 참조의 열을 선택 참조형 : INDEX(reference, row_num, column_num, area_num) reference : 한 개 이상의 셀 영역에 대한 참조 row_num : 값을 반환할 배열이나 참조의 행을 선택 column_num : 값을 반환할 배열이나 참조의 열을 선택 area_num : row_num과 column_num이 교차하는 셀을 반환할 참조 영역

MATCH	지정된 값을 지정된 순서로 일치시키는 배열에서 항목의 상대 위치를 반환
형식	MATCH(lookup_value, lookup_array, match_type) lookup_value : 테이블에서 찾으려는 값 lookup_array : 찾으려고 하는 값이 포함된 인접한 셀들의 영역 match_type : lookup_array에서 lookup_value를 찾는 방법을 지정하는 숫자(-1, 0, 1)

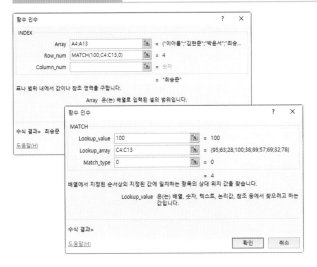

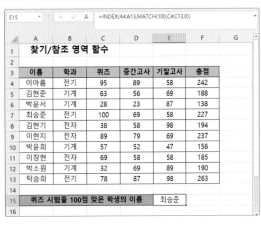

1 작성조건을 이용하여 워크시트에 결과값을 구해 보세요.

예제파일 : 기본13(예제).xlsx
완성파일 : 기본13(완성).xlsx

작성조건
❶ 결제[F3:F13] : '구분'이 1이면 "카드", 그렇지 않으면 "현금"을 표시하시오. (IF 함수)
❷ 지출금액 합계[C14] : '지출금액'의 합계를 구하시오. (SUM 함수)
❸ 지출금액 최대값−최소값[C15] : '지출금액'의 최대값과 최소값의 차이를 구하시오. (MAX, MIN 함수)
❹ 카드 사용 건수[C16] : '구분'이 1인 개수를 구하시오. (COUNTIF 함수)
❺ 교육 지출금액 합계[C17] : '항목'이 "교육"인 경우 '지출금액'의 합계를 구하시오. (DSUM 함수)

	A	B	C	D	E	F
1						
2	날짜	지출내용	지출금액	항목	구분	결제
3	3/23	피아노 학원비	90,000	교육	1	카드
4	3/24	가정의학과 병원	3,200	건강	2	현금
5	3/24	동네약국 약처방	7,100	건강	2	현금
6	3/26	쌀 20Kg	64,000	주부식	1	카드
7	3/26	한자시험 접수비	2,700	교육	2	현금
8	3/27	떡볶이/순대/어묵	6,000	주부식	2	현금
9	3/28	피자배달	35,100	주부식	1	카드
10	3/28	주유	50,000	차량	1	카드
11	3/29	주차료	11,000	차량	2	현금
12	3/30	아이들 동화책	26,200	교육	1	카드
13	3/31	케이블TV 요금	5,500	통신	2	현금
14	지출금액 합계		300,800			
15	지출금액 최대값 − 최소값		87,300			
16	카드 사용 건수		5			
17	교육 지출금액 합계		118,900			

2 작성조건을 이용하여 워크시트에 결과값을 구해 보세요.

예제파일 : 기본14(예제).xlsx
완성파일 : 기본14(완성).xlsx

작성조건
❶ 입고량 순위[I4:I14] : '입고량'을 기준으로 하여 큰 순(내림차순)으로 순위를 구하시오. (RANK 함수)
❷ 요거트 수[C15] : 품명이 '요거트'인 수를 구하시오. (COUNTIF 함수)
❸ 전체 입고량의 평균[G15:H15] : '입고량'의 평균을 소수점 이하 2자리로 반올림하여 구하시오.
(ROUND, AVERAGE 함수)
❹ 유제품 최고입고량[C16] : 분류가 '유제품'인 입고량의 최대값을 구하시오. (DMAX 함수)
❺ 입고단가 최대값−최소값[G16:H16] : 입고단가의 최대값과 최소값의 차이를 구하시오. (MAX, MIN 함수)

	A	B	C	D	E	F	G	H	I
1									
2									
3		품명	분류	제품코드	입고 일자	입고량	출고량	입고단가	입고량 순위
4		요거트	유제품	DY-200	2017-09-01	1,750개	1,350개	350	1
5		콜라	음료	MC-001	2017-09-01	1,553개	1,500개	250	2
6		멸치	해산물	SC-100	2017-09-09	854개	850개	1000	7
7		조개	해산물	SC-101	2017-09-10	995개	900개	850	5
8		딸기 주스	음료	MC-002	2017-09-23	700개	700개	450	9
9		요거트	유제품	DY-201	2017-09-25	1,050개	1,000개	350	4
10		치즈	유제품	DY-202	2017-09-19	1,500개	1,450개	900	3
11		요거트	유제품	DY-203	2017-09-08	990개	900개	350	6
12		오렌지 주스	음료	MC-003	2017-09-19	200개	150개	450	11
13		사이다	음료	MC-004	2017-09-23	350개	300개	250	10
14		오징어	해산물	SC-102	2017-09-10	830개	800개	1100	8
15		요거트 수	3			전체 입고량의 평균		979.27	
16		유제품 최고입고량	1750			입고단가 최대값-최소값		850	
17									

• 예제파일 : 실전1-1(예제).xlsx • 완성파일 : 실전1-1(완성).xlsx

1 "스포츠건강관리 실태비교" 시트를 참조하여 다음 《처리조건》에 맞도록 작업하시오.

출력형태

	스포츠종목	활동목적	예방질병	활동비용(월)	병원치료비용(월)	총비용(월)	순위	비고
				스포츠건강관리 실태비교				
2	스포츠종목	활동목적	예방질병	활동비용(월)	병원치료비용(월)	총비용(월)	순위	비고
3	조깅	체력보강	당뇨병	₩15,000	₩0	₩1,500	10위	
4	생활요가	유연성	디스크	₩3,500	₩10,000	₩45,000	5위	활동주의종목
5	줄넘기	체력보강	치매	₩0	₩0	₩0	11위	
6	등산	체력보강	심장질환	₩70,000	₩25,000	₩95,000	2위	활동주의종목
7	스트레칭/체조	유연성	디스크	₩30,000	₩0	₩30,000	7위	
8	소형구기운동	유연성	당뇨병	₩15,000	₩12,000	₩27,000	8위	활동주의종목
9	수영	체력보강	디스크	₩40,000	₩20,000	₩60,000	4위	활동주의종목
10	헬스(러닝)	체력보강	심장질환	₩45,000	₩34,000	₩79,000	3위	활동주의종목
11	족구	체력보강	치매	₩10,000	₩0	₩10,000	9위	
12	테니스	체력보강	당뇨병	₩35,000	₩5,000	₩40,000	6위	활동주의종목
13	댄스종목	유연성	치매	₩80,000	₩30,000	₩110,000	1위	활동주의종목
14	활동목적이 체력보강인 스포츠종목의 활동비용 총합계			₩215,000				
15	병원치료비용(월)이 0인 스포츠종목의 개수			4				
16	총비용(월)의 최대값과 최소값의 차이			₩110,000				

처리조건

▶ 1행의 행 높이를 '75'로 설정하고, 2행~16행의 행 높이를 '18'로 설정하시오.

▶ 제목("스포츠건강관리 실태비교") : 기본 도형의 '십자형'을 이용하여 입력하시오.
  - 도형 : 위치(B1:G1), 도형 스타일(테마 스타일 - 미세 효과 - '주황, 강조 2')
  - 글꼴 : 돋움체, 28pt, 기울임꼴
  - 도형 서식 : 도형 옵션 - 크기 및 속성(텍스트 상자(세로 맞춤 : 정가운데, 텍스트 방향 : 가로))

▶ 셀 서식을 아래 조건에 맞게 작성하시오.
  - [A2:H16] : 테두리(안쪽, 윤곽선 모두 실선, '검정, 텍스트 1'), 전체 가운데 맞춤
  - [A14:D14], [A15:D15], [A16:D16] : 각각 셀 병합 후 가운데 맞춤
  - [A2:H2], [A14:D16] : 채우기 색('파랑, 강조 1, 60% 더 밝게'), 글꼴(굵게)
  - [D3:F13], [E14], [E16] : 셀 서식의 표시형식–통화를 이용하여 기호(₩)를 추가
  - [G3:G13] : 셀 서식의 표시형식–사용자 지정을 이용하여 #"위"자를 추가
  - 조건부 서식[A3:H13] : '예방질병'이 "치매"인 경우 레코드 전체에 글꼴(빨강, 굵게) 적용
  - 지시사항이 없는 경우는 주어진 문제파일의 서식을 그대로 사용하시오.

▶ ① 순위[G3:G13] : '총비용(월)'을 기준으로 하여 큰 순으로 '순위'를 구하시오. **(RANK 함수)**
▶ ② 비고[H3:H13] : '병원치료비용(월)'이 0보다 크면 "활동주의종목", 아니면 공백으로 구하시오. **(IF 함수)**
▶ ③ 활동비용 총합계[E14] : '활동목적'이 "체력보강"인 스포츠종목의 '활동비용(월)'의 총합계를 구하시오. **(DSUM 함수)**
▶ ④ 스포츠종목 개수[E15] : '병원치료비용(월)'이 0인 스포츠종목의 개수를 구하시오. **(COUNTIF 함수)**
▶ ⑤ 최대값 – 최소값[E16] : '총비용(월)'의 최대값과 최소값의 차이를 구하시오. **(MAX, MIN 함수)**

② "타이어 납품 현황" 시트를 참조하여 다음 《처리조건》에 맞도록 작업해 보세요.

출력형태

담당직원	지점명	대상차종	단가	공급가액	공급대가	판매액 순위	특별혜택
김일목	삼호타이어	소형차	80,000	1,840,000	2,024,000	10등	
권진혁	대국타이어	중대형차	100,000	2,300,000	2,530,000	7등	
이경노	모토타이어	화물차	130,000	2,990,000	3,289,000	4등	3+1 제공
박성훈	대국타이어	중대형차	110,000	2,530,000	2,783,000	6등	
이옥경	삼호타이어	소형차	90,000	2,070,000	2,277,000	9등	
조상구	모토타이어	화물차	130,000	2,990,000	3,289,000	4등	3+1 제공
윤대준	대국타이어	버스	150,000	3,450,000	3,795,000	2등	
김윤근	모토타이어	화물차	140,000	3,220,000	3,542,000	3등	3+1 제공
김진호	삼호타이어	소형차	95,000	2,185,000	2,403,500	8등	
한상훈	삼호타이어	버스	165,000	3,795,000	4,174,500	1등	
단가의 최대값과 최소값 차이			85,000				
대상차종이 소형차인 공급대가의 평균			2,234,833				
지점명이 삼호타이어인 개수			4개				

제목: **지점별 타이어 납품 현황**

처리조건

▶ 1행의 행 높이를 '80'으로 설정하고, 2행~15행의 행 높이를 '18'로 설정하시오.
▶ 제목("지점별 타이어 납품 현황") : 기본 도형의 '원통'을 이용하여 입력하시오.
　– 도형 : 위치(B1:G1), 도형 스타일(테마 스타일 – 미세 효과 – '녹색, 강조 6')
　– 글꼴 : 굴림, 32pt, 기울임꼴
　– 도형 서식 : 도형 옵션 – 크기 및 속성(텍스트 상자(세로 맞춤 : 정가운데, 텍스트 방향 : 가로))

▶ 셀 서식을 아래 조건에 맞게 작성하시오.
　– [A2:H15] : 테두리(안쪽, 윤곽선 모두 실선, '검정, 텍스트 1'), 전체 가운데 맞춤
　– [A13:C13], [A14:C14], [A15:C15] : 각각 병합하고 가운데 맞춤
　– [A2:H2], [A13:C15] : 채우기 색('주황, 강조 2, 40% 더 밝게'), 글꼴(굵게)
　– [D3:F14] : 셀 서식의 표시형식–숫자를 이용하여 1000 단위 구분 기호 추가
　– [G3:G12] : 셀 서식의 표시형식–사용자 지정을 이용하여 #"등"자를 추가
　– [D15:F15] : 셀 서식의 표시형식–사용자 지정을 이용하여 #"개"자를 추가
　– 조건부 서식[A3:H12] : '단가'가 100000 이하인 경우 레코드 전체에 글꼴(진한 파랑, 굵은 기울임꼴) 적용
　– 지시사항이 없는 경우는 주어진 문제파일의 서식을 그대로 사용하시오.

▶ ① 판매액 순위[G3:G12] : '공급가액'을 기준으로 하여 큰 순으로 '순위'를 구하시오. **(RANK 함수)**
▶ ② 특별혜택[H3:H12] : '대상차종'이 "화물차"이면 "3+1 제공"으로, 그렇지 않으면 공백으로 표시하시오. **(IF 함수)**
▶ ③ 최대값–최소값[D13:F13] : '단가'의 최대값과 최소값의 차이를 구하시오. **(MAX, MIN 함수)**
▶ ④ 공급대가 평균[D14:F14] : '대상차종'이 "소형차"인 '공급대가'의 평균을 구하시오. **(DAVERAGE 함수)**
▶ ⑤ 삼호타이어 개수[D15:F15] : '지점명'이 "삼호타이어"인 개수를 구하시오. **(COUNTIF 함수)**

Chapter 07

정렬과 부분합 구하기

>>> 핵심만 쏙쏙 ❶ 데이터 정렬 ❷ 부분합 ❸ 중첩 부분합 ❹ 그룹 설정

부분합이란 데이터를 특정 필드를 기준으로 그룹화한 후 각 그룹에 대한 통계를 계산하는 기능으로, 부분합을 구하기 전에 반드시 그룹을 지정할 필드를 정렬해야 합니다.

핵심 짚어보기

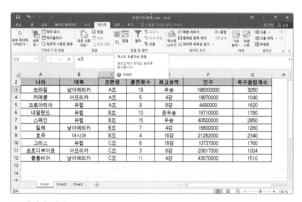

▲ 데이터 정렬

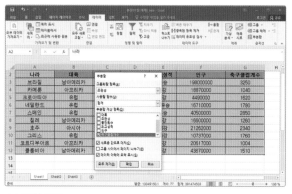

▲ 부분합 실행

▲ 부분합 실행 결과

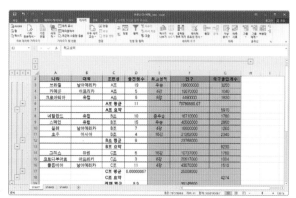

▲ 중첩 부분합 실행 및 그룹 설정 결과

클래스 업

• [데이터] 탭–[정렬 및 필터] 그룹에 있는 [텍스트 오름차순 정렬(킻)] 또는 [텍스트 내림차순 정렬(힁)]을 클릭하면 셀 포인터가 위치하고 있는 열을 기준으로 정렬됩니다.

• 중첩 부분합을 실행할 경우에는 반드시 [부분합] 대화상자에서 '새로운 값으로 대치'를 해제하도록 합니다.

① 데이터 정렬

데이터 정렬하기

❶ 정렬할 열에 셀 포인터를 위치시킴

❷ [데이터] 탭-[정렬 및 필터] 그룹에 있는 [텍스트 오름차순 정렬(⬆)] 또는 [텍스트 내림차순 정렬(⬇)] 클릭

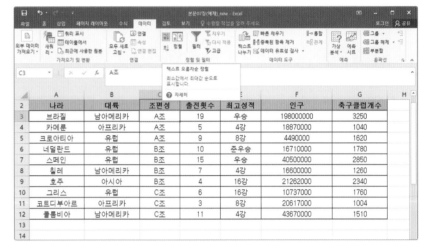

Tip

오름차순은 작은 숫자~큰 숫자, ㄱ~ㅎ, A~Z 순서이며, 내림차순은 오름차순의 반대 순서입니다.

② 부분합

1 [부분합] 대화상자 열기

[데이터] 탭-[윤곽선] 그룹-[부분합] 클릭

2 부분합 설정

조건에 따라 '그룹화할 항목', '사용할 함수', '부분합 계산 항목' 설정

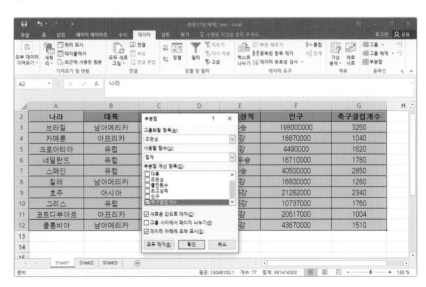

Tip

부분합을 실행하기 전에 반드시 그룹화할 항목을 기준으로 정렬해야 합니다.

③ 중첩 부분합

1 중첩 부분합 실행

부분합이 구해져 있는 상태에서 다시 [데이터] 탭–[윤곽선] 그룹–[부분합] 클릭

2 중첩 부분합 설정

❶ 조건에 따라 '그룹화할 항목', '사용할 함수', '부분합 계산 항목' 설정
❷ '새로운 값으로 대치' 체크 해제

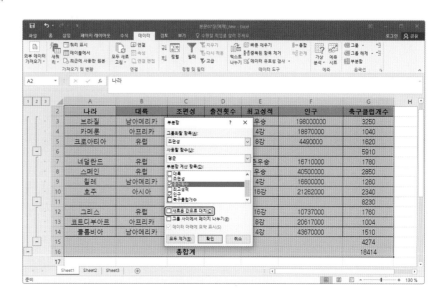

④ 그룹 설정

1 열 머리글 선택

마우스 드래그를 이용해 그룹으로 설정할 열 머리글을 영역으로 지정

2 그룹 지정

[데이터] 탭–[윤곽선] 그룹–[그룹]
클릭

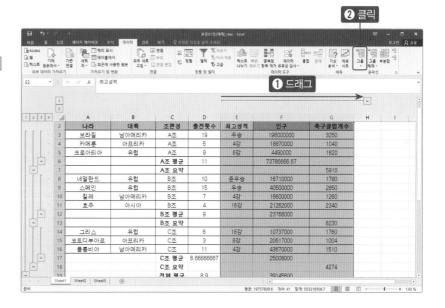

1 작성조건을 이용하여 정렬과 부분합을 실행해 보세요.

예제파일 : 기본15(예제).xlsx
완성파일 : 기본15(완성).xlsx

작성조건
▶ 데이터를 '부서' 기준으로 내림차순 정렬
▶ '부서'로 그룹화 하여 '업무능력', '근무태도'의 합계(요약)를 구하는 부분합
▶ '부서'로 그룹화 하여 '성명'의 개수를 구하는 부분합(새로운 값으로 대치하지 말 것)
▶ D~G열을 선택하여 그룹 설정

	A	B	C	D	E	F	G	H
1	사원번호	성명	부서	컴퓨터활용능력	외국어능력	업무능력	근무태도	
2	1990442	문소영	영업부	88	70	80	92	
3	1999422	박태신	영업부	79	88	85	92	
4	2002422	박동진	영업부	98	90	77	95	
5		3	영업부 개수					
6			영업부 요약			242	279	
7	2000425	박소영	연구부	85	98	70	91	
8	2003421	최일향	연구부	90	89	93	80	
9		2	연구부 개수					
10			연구부 요약			163	171	
11	2000422	조금종	생산부	95	55	89	71	
12	2001422	김은심	생산부	91	67	95	89	
13		2	생산부 개수					
14			생산부 요약			184	160	
15	1988429	채광호	관리부	70	50	90	95	
16	2001429	황은정	관리부	93	78	88	91	
17		2	관리부 개수					
18			관리부 요약			178	186	
19		9	전체 개수					
20			총합계			767	796	

2 작성조건을 이용하여 정렬과 부분합을 실행해 보세요.

예제파일 : 기본16(예제).xlsx
완성파일 : 기본16(완성).xlsx

작성조건
▶ 데이터를 '판매가격' 기준으로 내림차순 정렬
▶ '판매가격'으로 그룹화 하여 '판매량', '수익'의 합계(요약)를 구하는 부분합
▶ '판매가격'으로 그룹화 하여 '판매량', '수익'의 평균을 구하는 부분합(새로운 값으로 대치하지 말 것)
▶ E~F열을 선택하여 그룹 설정

	A	B	C	D	E	F	G
1	이름	판매가격	재료원가	판매량	수익	순위	
2	포테이토 피자	₩ 12,900	₩ 9,000	95	₩ 370,500	1	
3	고구마 피자	₩ 12,900	₩ 10,000	85	₩ 246,500	2	
4	마르게리타 피자	₩ 12,900	₩ 9,000	40	₩ 156,000	5	
5		₩12,900 평균		73.333333	₩ 257,667		
6		₩12,900 요약		220	₩ 773,000		
7	불고기 피자	₩ 10,900	₩ 8,000	75	₩ 217,500	3	
8	페퍼로니 피자	₩ 10,900	₩ 9,000	65	₩ 123,500	7	
9	치즈크러스트 피자	₩ 10,900	₩ 10,000	115	₩ 103,500	8	
10		₩10,900 평균		85	₩ 148,167		
11		₩10,900 요약		255	₩ 444,500		
12	콤비네이션 피자	₩ 9,900	₩ 7,500	70	₩ 168,000	4	
13	베이컨 수프림 피자	₩ 9,900	₩ 7,000	25	₩ 72,500	10	
14	치즈 피자	₩ 9,900	₩ 6,000	35	₩ 136,500	6	
15	파인애플 피자	₩ 9,900	₩ 6,500	25	₩ 85,000	9	
16		₩9,900 평균		38.75	₩ 115,500		
17		₩9,900 요약		155	₩ 462,000		
18		전체 평균		63	₩ 167,950		
19		총합계		630	₩ 1,679,500		
20							

• 예제파일 : 실전2-1(예제).xlsx • 완성파일 : 실전2-1(완성).xlsx

1 **"부분합"** 시트를 참조하여 다음 《처리조건》에 맞도록 작업해 보세요.

출력형태

	A	B	C	D	E	F	G	H
1								
2	년	월	원유수입량	생산량	수입량	내수량	수출량	
3	2020	11	59	74	21	65	28	
4	2020	12	71	78	23	72	28	
5	2020	10	75	79	23	66	30	
6	**2020 요약**		205	231	67	203	86	
7	**2020 개수**	3						
8	2021	2	66	73	24	63	23	
9	2021	3	67	74	24	67	25	
10	2021	6	68	77	21	63	30	
11	2021	7	69	75	22	61	28	
12	2021	4	70	75	24	64	29	
13	2021	1	75	79	25	69	24	
14	2021	5	76	76	24	64	27	
15	**2021 요약**		491	529	164	451	186	
16	**2021 개수**	7						
17	**총합계**		696	760	231	654	272	
18	전체 개수	10						
19								

처리조건

▶ 데이터를 '년' 기준으로 오름차순 정렬하시오.

▶ 아래 조건에 맞는 부분합을 작성하시오.
  – '년'으로 그룹화 하여 '월'의 개수를 구하는 부분합을 만드시오.
  – '년'으로 그룹화 하여 '원유수입량', '생산량', '수입량', '내수량', '수출량'의 합계(요약)를 구하는 부분합을 만드시오.
   (새로운 값으로 대치하지 말 것)

▶ C~G열을 선택하여 그룹을 설정하시오.

▶ 개수와 합계(요약) 부분합의 순서는 《출력형태》와 다를 수 있음

▶ 지시사항이 없는 경우는 기본값을 적용하시오.

• 예제파일 : 실전2-2(예제).xlsx   • 완성파일 : 실전2-2(완성).xlsx

② "부분합" 시트를 참조하여 다음 《처리조건》에 맞도록 작업해 보세요.

출력형태

	상품군	상품명	운영형태	2019년	2020년	2021년
3	전자	컴퓨터 주변기기	온라인	1,013,000	1,234,000	1,656,000
4	전자	통신기기	온라인	1,634,000	1,834,000	2,063,000
5	의류	패션	온라인	2,318,000	2,528,000	2,804,000
6	음식료품	음식	온라인	228,000	345,000	568,000
7	서적	서적	온라인	554,000	670,000	784,000
8	생활	사무문구	온라인	93,000	116,000	130,000
9			온라인 최대값	2,318,000	2,528,000	2,804,000
10		온라인 개수	6			
11	전자	소프트웨어	온/오프라인	6,500	9,100	21,000
12	음식료품	음료	온/오프라인	502,000	664,000	783,000
13	여행예약	여행	온/오프라인	1,894,000	1,984,000	1,768,000
14	레져	스포츠	온/오프라인	127,000	123,000	179,000
15			온/오프라인 최대	1,894,000	1,984,000	1,768,000
16		온/오프라인 개수	4			
17			전체 최대값	2,318,000	2,528,000	2,804,000
18		전체 개수	11			

처리조건

▶ 데이터를 '운영형태' 기준으로 내림차순 정렬하시오.

▶ 아래 조건에 맞는 부분합을 작성하시오.
   – '운영형태'로 그룹화 하여 '운영형태'의 개수를 구하는 부분합을 만드시오.
   – '운영형태'로 그룹화 하여 '2019년', '2020년', '2021년'의 최대값을 구하는 부분합을 만드시오.
     (새로운 값으로 대치하지 말 것)

▶ D~F열을 선택하여 그룹을 설정하시오.

▶ 개수와 최대값 부분합의 순서는 ≪출력형태≫와 다를 수 있음

▶ 지시사항이 없는 경우는 기본값을 적용하시오.

고급 필터 익히기

Chapter 08

>>> 핵심만 쏙쏙 ❶ 조건 작성 ❷ 필드명 작성 ❸ 고급 필터 작성

고급 필터는 조건을 작성한 후 해당 조건에 만족하는 데이터를 다른 위치에 복사하는 기능입니다.
고급 필터는 조건을 작성하는 방법이 매우 중요합니다.

핵심 짚어보기

▲ 고급 필터를 위한 조건 작성

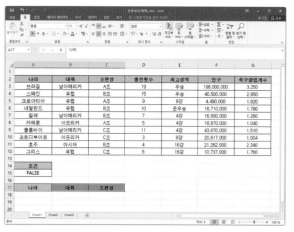

▲ 필터링할 필드명 작성

▲ 고급 필터 설정

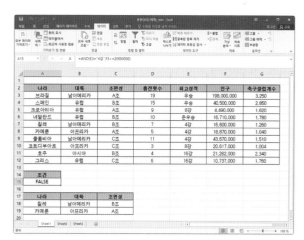

▲ 고급 필터 실행 결과

클래스 업

- 고급 필터는 [데이터] 탭–[정렬 및 필터] 그룹–[고급]을 이용합니다.
- 고급 필터를 실행하기 전에 필터링할 조건과 필드명을 미리 작성해야 합니다.

1 ▸ 조건 작성

함수를 이용해 조건 작성

조건에 해당하는 함수(AND, OR)를 이용해 조건 작성
- AND : 모든 조건을 만족하는 데이터를 필터링
- OR : 하나의 조건만 만족하더라도 데이터를 필터링

Tip
- 시험에서는 한 셀에 조건을 작성하도록 처리 조건이 지시됩니다.
- 조건의 결과는 TRUE 또는 FALSE로 표시되며, 조건 제목도 범위에 포함해야 합니다.

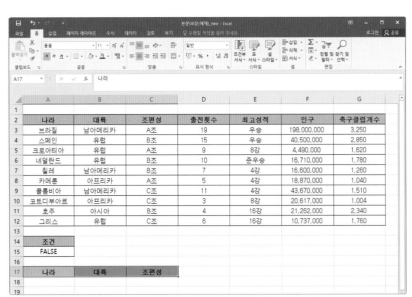

2 ▸ 필드명 작성

필드명 작성하기

복사(Ctrl + C)와 붙여넣기(Ctrl + V)를 이용해 조건에 해당하는 필드명 작성

Tip
시험에서는 결과 위치가 조건으로 제시되므로 정확한 위치에 필드명을 작성해야 합니다.

③ 고급 필터 작성

① [고급 필터] 대화상자 열기

[데이터] 탭–[정렬 및 필터] 그룹–[고급] 선택

② 고급 필터의 설정

❶ 결과 중 '다른 장소에 복사' 선택
❷ '조건 범위', '복사 위치' 지정

Tip

마우스 드래그를 이용해 워크시트에서 조건
범위와 복사 위치를 지정하도록 합니다.

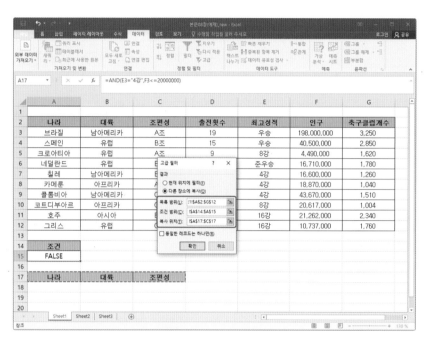

③ [고급 필터] 대화상자 열기

고급 필터 결과가 〈출력형태〉와 동일하게 작성되었는지 확인

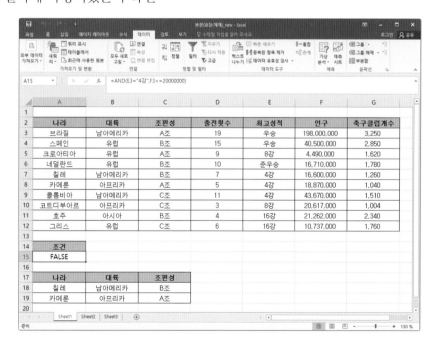

1 [A1:G10] 데이터를 조건에 맞게 고급필터를 사용해 작성하시오.

예제파일 : 기본17(예제).xlsx
완성파일 : 기본17(완성).xlsx

작성조건
▶ '거래처'가 "단골수퍼"이면서 '매출액'이 150000 이상인 데이터를 '거래처', '영업사원', '판매일', '매출액'의 데이터만 필터링
▶ 조건 위치 : 조건 함수는 [A13] 한 셀에 작성(AND 함수 이용)
▶ 결과 위치 : [A15]부터 출력

	A	B	C	D	E	F	G
1	거래처	영업사원	판매일	제품명	단가	수량	매출액
2	단골수퍼	나민지	2021-01-15	고향참기름 세트	35,000	30	1,050,000
3	하나상사	강동엽	2021-01-13	고향참기름 세트	35,000	15	525,000
4	하나상사	심민섭	2021-01-14	고향김 세트	17,000	50	850,000
5	단골수퍼	김민주	2021-01-15	왕참치 세트	12,000	10	120,000
6	하나상사	이수민	2021-01-15	매실청소스	28,000	35	980,000
7	하나상사	심민섭	2021-01-16	매실청소스	29,000	20	580,000
8	부자마트	최기열	2021-01-19	고향참기름 세트	35,000	10	350,000
9	단골수퍼	나민지	2021-01-20	매실청소스	29,000	5	145,000
10	단골수퍼	나민지	2021-01-20	왕참치 세트	12,000	15	180,000
11							
12	조건						
13	TRUE						
14							
15	거래처	영업사원	판매일	매출액			
16	단골수퍼	나민지	2021-01-15	1,050,000			
17	단골수퍼	나민지	2021-01-20	180,000			
18							

2 [A1:F11] 데이터를 조건에 맞게 고급필터를 사용해 작성하시오.

예제파일 : 기본18(예제).xlsx
완성파일 : 기본18(완성).xlsx

작성조건
▶ '원가'가 70000 이하이거나 '제조수량'이 20 이상인 데이터를 '글러브명', '메이커', '제조수량', '생산원가'의 데이터만 필터링
▶ 조건 위치 : 조건 함수는 [B14] 한 셀에 작성(OR 함수 이용)
▶ 결과 위치 : [A16]부터 출력

	A	B	C	D	E	F
1	글러브명	메이커	원가	제조수량	생산원가	예상수요
2	프리퍼드	롤링스	165000	15	2475000	17
3	엘리트	SSK	77000	10	770000	8
4	DINA	ZETT	53000	9	477000	10
5	프로스테이터스	ZETT	110000	4	440000	10
6	빅토리	미즈노	74000	7	518000	3
7	프로브레인	SSK	113500	17	1929500	15
8	리미티드	미즈노	145000	22	3190000	30
9	바이퍼J	롤링스	72000	4	288000	7
10	알파디마	롤링스	47500	5	237500	11
11	월드원	SSK	60000	18	1080000	12
12						
13		조건				
14		FALSE				
15						
16	글러브명	메이커	제조수량	생산원가		
17	DINA	ZETT	9	477000		
18	리미티드	미즈노	22	3190000		
19	알파디마	롤링스	5	237500		
20	월드원	SSK	18	1080000		
21						

• 예제파일 : 실전3-1(예제).xlsx • 완성파일 : 실전3-1(완성).xlsx

1 "필터" 시트를 참조하여 다음 《처리조건》에 맞도록 작업해 보세요.

출력형태

	A	B	C	D	E	F	G
1							
2	년	월	원유수입량	생산량	수입량	내수량	수출량
3	2020	10	75	79	23	66	30
4	2020	11	59	74	21	65	28
5	2020	12	71	78	23	72	28
6	2021	1	75	79	25	69	24
7	2021	2	66	73	24	63	23
8	2021	3	67	74	24	67	25
9	2021	4	70	75	24	64	29
10	2021	5	76	76	24	64	27
11	2021	6	68	77	21	63	30
12	2021	7	69	75	22	61	28
13							
14	조건						
15	TRUE						
16							
17	년	생산량	수입량	내수량	수출량		
18	2020	79	23	66	30		
19	2021	79	25	69	24		
20	2021	76	24	64	27		
21							

처리조건

▶ "필터" 시트의 [A2:G12]를 아래 조건에 맞게 고급필터를 사용하여 작성하시오.
   – '원유수입량'이 75 이상이고 '생산량'이 75 이상인 데이터를 '년', '생산량', '수입량', '내수량', '수출량'의 데이터만
   필터링 하시오.
   – 조건 위치 : 조건 함수는 [A15] 한 셀에 작성(AND 함수 이용)
   – 결과 위치 : [A17]부터 출력

▶ 지시사항이 없는 경우는 ≪출력형태-필터≫와 동일하게 작성하시오.

• 예제파일 : 실전3-2(예제).xlsx　　• 완성파일 : 실전3-2(완성).xlsx

 "필터" 시트를 참조하여 다음 《처리조건》에 맞도록 작업해 보세요.

출력형태

	A	B	C	D	E	F
1						
2	상품군	상품명	운영형태	2019년	2020년	2021년
3	전자	컴퓨터 주변기기	온라인	1,013,000	1,234,000	1,656,000
4	전자	소프트웨어	온/오프라인	6,000	9,000	19,000
5	전자	통신기기	온라인	1,634,000	1,834,000	2,063,000
6	의류	패션	온라인	2,318,000	2,528,000	2,804,000
7	음식료품	음식	온라인	228,000	345,000	568,000
8	음식료품	음료	온/오프라인	502,000	664,000	783,000
9	여행예약	여행	온/오프라인	1,894,000	1,984,000	1,768,000
10	서적	서적	온라인	554,000	670,000	784,000
11	생활	사무문구	온라인	93,000	116,000	130,000
12	레저	스포츠	온/오프라인	127,000	123,000	179,000
13						
14	조건					
15	FALSE					
16						
17	상품군	운영형태	2019년	2020년	2021년	
18	전자	온라인	1,634,000	1,834,000	2,063,000	
19	의류	온라인	2,318,000	2,528,000	2,804,000	
20						

처리조건

▶ "필터" 시트의 [A2:F12]를 아래 조건에 맞게 고급필터를 사용하여 작성하시오.
 – '운영형태'가 '온라인'이고 '2020년'이 1500000 이상인 데이터를 '상품군', '운영형태', '2019년', '2020년', '2021년'의 데이터만 필터링 하시오.
 – 조건 위치 : 조건 함수는 [A15] 한 셀에 작성(AND 함수 이용)
 – 결과 위치 : [A17]부터 출력

▶ 지시사항이 없는 경우는 《출력형태–필터》와 동일하게 작성하시오.

Chapter 09

시나리오 작성하기

>>> 핵심만 쏙쏙 ❶ 시나리오 작성 ❷ 시나리오 값 수정 ❸ 시나리오 요약

시나리오는 여러 가지 상황에 대한 결과값을 미리 알아보기 위해 사용하는 기능입니다.
처리조건에서 어떤 값이 변동하여 어디에 적용되는지 잘 살펴보도록 합니다.

핵심
짚어보기

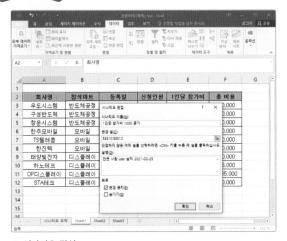

▲ 시나리오 작성

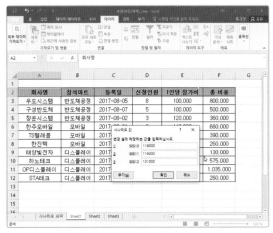

▲ 변경 셀에 해당하는 값 입력

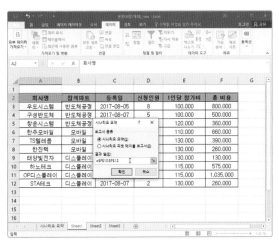

▲ 시나리오 요약

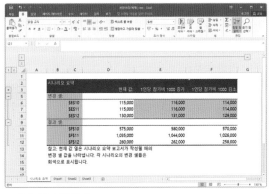

▲ 시나리오 실행 결과

클래스 업

- **시나리오** : [데이터] 탭–[데이터 도구] 그룹–[가상 분석]–[시나리오 관리자] 이용

- 추가한 시나리오를 요약하면 별도의 '시나리오 요약' 시트에 결과가 표시됩니다.

1 시나리오 작성

1 시나리오 관리

❶ [데이터] 탭–[예측] 그룹–[가상 분석] –[시나리오 관리자] 선택

❷ [시나리오 관리자] 대화상자에서 [추가] 단추를 클릭하여 시나리오 추가

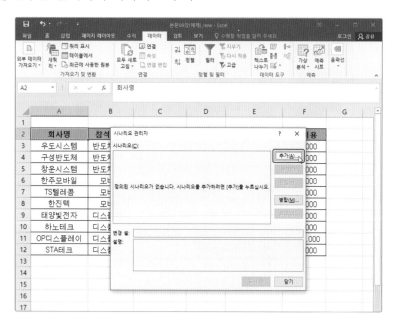

2 시나리오 편집

❶ [시나리오 이름]에 등록할 이름 입력

❷ [변경 셀]은 마우스 드래그를 이용해 워크시트에서 변경 값을 구한 셀 지정

❸ [확인] 단추 클릭

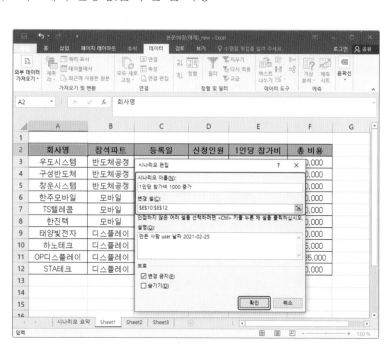

Tip

변경 셀의 값을 강제로 변경함으로써 수식 결과값이
어떻게 바뀌는지 알아보기 위한 것입니다. 시험에서는
처리조건에 열 제목만 지시됩니다.

② 시나리오 값 수정

1 변경 셀 값 수정

❶ [시나리오 값] 대화상자에서 변경 셀에 해당하는 값 입력

❷ 시나리오를 추가하려면 [추가] 단추를 클릭하여 '시나리오 이름'을 새로 지정

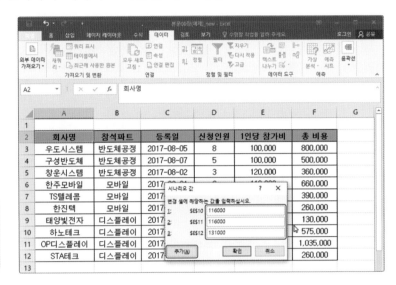

Tip

시험에서는 기존 값을 어느 정도 증가 또는 감소할지 처리조건이 지시됩니다.

2 시나리오 추가

추가한 시나리오의 [변경 셀]에 해당하는 값을 입력하고 더 이상 추가할 시나리오가 없을 경우에는 [확인] 단추 클릭

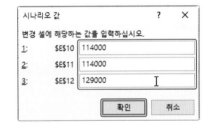

③ 시나리오 요약

1 시나리오 요약 실행

시나리오 추가가 완료되면 [시나리오 관리자] 대화상자에서 [요약] 단추 클릭

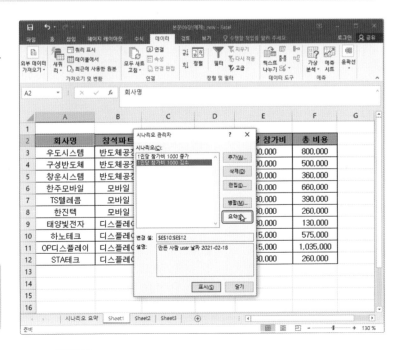

Tip

시험에서는 두 개의 시나리오를 작성하도록 처리조건이 지시됩니다.

② 결과 셀 지정

① [시나리오 요약] 대화상자에서 보고서 종류로 '시나리오 요약' 선택
② [결과 셀]은 마우스 드래그를 이용해 워크시트에서 결과값을 구할 셀 지정

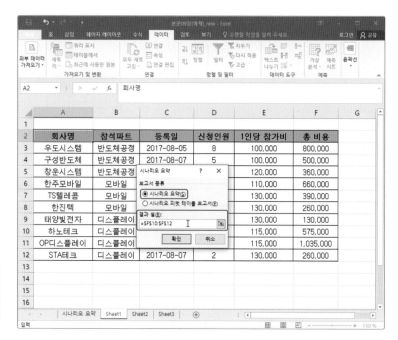

Tip

결과 셀은 변경 셀에서 수정한 값을 적용할 셀로 지정합니다.

③ 시나리오 요약 결과

▶ 새로운 [시나리오 요약] 시트가 생성
▶ 작성한 시나리오 이름에 변경 셀과 결과 셀의 값이 적용되어 표시

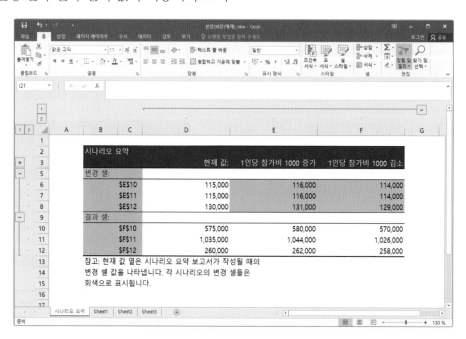

1 작성조건을 이용하여 가상분석(시나리오)을 작성해 보세요.

예제파일 : 기본19(예제).xlsx
완성파일 : 기본19(완성).xlsx

작성조건 ▶ [A2:F7]을 이용하여 '통신비'가 변동할 때 '공과료 총액'이 변동하는 가상분석(시나리오) 작성
- 시나리오1 : 시나리오 이름은 "통신비 50000 증가", '통신비'에 50000을 증가시킨 값 설정
- 시나리오2 : 시나리오 이름은 "통신비 50000 감소", '통신비'에 50000을 감소시킨 값 설정
- "시나리오 요약" 시트 작성

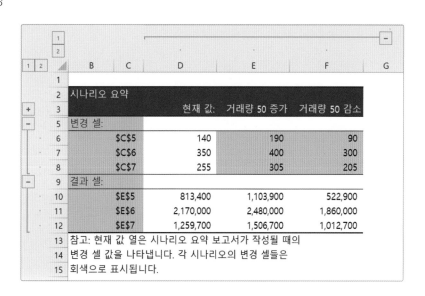

2 작성조건을 이용하여 가상분석(시나리오)을 작성해 보세요.

예제파일 : 기본20(예제).xlsx
완성파일 : 기본20(완성).xlsx

작성조건 ▶ [A2:E7]을 이용하여 '품목명'이 "튜립"인 경우, '오늘 거래량'이 변동할 때 '오늘 판매액'이 변동하는 가상분석(시나리오) 작성
▶ 시나리오1 : 시나리오 이름은 "거래량 50 증가", '오늘 거래량'에 50을 증가시킨 값 설정
▶ 시나리오2 : 시나리오 이름은 "거래량 50 감소", '오늘 거래량'에 50을 감소시킨 값 설정
▶ "시나리오 요약" 시트 작성

• 예제파일 : 실전4-1(예제).xlsx   • 완성파일 : 실전4-1(완성).xlsx

① **"시나리오" 시트를 참조하여 다음 《처리조건》에 맞도록 작업해 보세요.**

출력형태

	A	B	C	D	E	F	G
1							
2		시나리오 요약					
3				현재 값:	단가 10000원 인상	단가 10000원 인하	
5		변경 셀:					
6			D6	130,000	140,000	120,000	
7			D7	130,000	140,000	120,000	
8			D8	140,000	150,000	130,000	
9		결과 셀:					
10			F6	3,289,000	3,542,000	3,036,000	
11			F7	3,289,000	3,542,000	3,036,000	
12			F8	3,542,000	3,795,000	3,289,000	
13		참고: 현재 값 열은 시나리오 요약 보고서가 작성될 때의					
14		변경 셀 값을 나타냅니다. 각 시나리오의 변경 셀들은					
15		회색으로 표시됩니다.					
16							

처리조건

▶ "시나리오" 시트의 [A1:F11]을 이용하여 '지점명'이 "모토타이어"인 경우 '단가'가 변동할 때 '공급가'가 변동하는 가상분석(시나리오)을 작성하시오.
   – 시나리오1 : 시나리오 이름은 "단가 10000원 인상", '단가'에 10000을 증가시킨 값 설정
   – 시나리오2 : 시나리오 이름은 "단가 10000원 인하", '단가'에 10000을 감소시킨 값 설정
   – "시나리오 요약" 시트를 작성하시오.

▶ 지시사항이 없는 경우는 ≪출력형태–시나리오≫와 동일하게 작성하시오.

• 예제파일 : 실전4-2(예제).xlsx   • 완성파일 : 실전4-2(완성).xlsx

② "시나리오" 시트를 참조하여 다음 《처리조건》에 맞도록 작업해 보세요.

출력형태

	A	B	C	D	E	F	G
2	시나리오 요약						
3				현재 값:	케이크 2000 증가	장식 1000 증가	
5	변경 셀:						
6			F5	29900	31900	29900	
7			F6	24900	26900	24900	
8			F7	26900	28900	26900	
9			G3	4500	4500	5500	
10			G4	3500	3500	4500	
11	결과 셀:						
12			H3	34400	34400	35400	
13			H4	28400	28400	29400	
14			H5	33900	35900	33900	
15			H6	28900	30900	28900	
16			H7	31400	33400	31400	
17	참고: 현재 값 열은 시나리오 요약 보고서가 작성될 때의						
18	변경 셀 값을 나타냅니다. 각 시나리오의 변경 셀들은						
19	회색으로 표시됩니다.						

처리조건

▶ "시나리오" 시트의 [A2:H7]을 이용하여 '케이크, 장식의 금액'이 변동할 때 '총액'이 변동하는 가상분석(시나리오)을 작성하시오.
 - 시나리오1 : 시나리오 이름은 "케이크 2000 증가", '판매방법'이 '직접수령'인 '케이크'에 2000을 증가시킨 값 설정
 - 시나리오2 : 시나리오 이름은 "장식 1000 증가", '판매방법'이 '배달'인 '장식'에 1000을 증가시킨 값 설정
 - "시나리오 요약" 시트를 작성하시오.

▶ 지시사항이 없는 경우는 ≪출력형태-시나리오≫와 동일하게 작성하시오.

Chapter 10

피벗테이블 작성하기

>>> 핵심만 쏙쏙 ❶ 피벗 테이블 삽입 ❷ 피벗 테이블 레이아웃 설정 ❸ 피벗 테이블 기타 설정

피벗 테이블은 데이터를 행, 열 단위로 요약하여 표 형식으로 나타내는 기능입니다.
처리조건에 따라 차근차근 따라하면 쉽게 피벗 테이블을 완성할 수 있습니다.

핵심 짚어보기

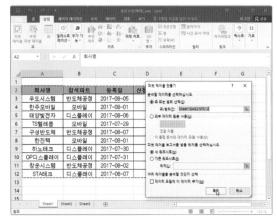

▲ [피벗 테이블 만들기] 대화상자

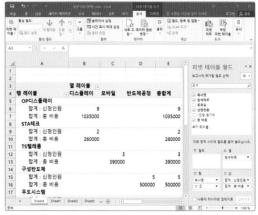

▲ 피벗 테이블 레이아웃 설정

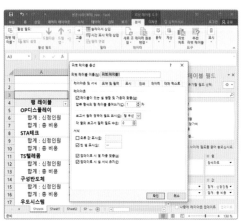

▲ [피벗 테이블 옵션] 대화상자

▲ 피벗 테이블 디자인 설정

클래스 업

- 피벗 테이블 : [삽입] 탭–[표] 그룹–[피벗 테이블]–[피벗 테이블] 이용
- 피벗 테이블 디자인에서 [보고서 레이아웃]과 [피벗 테이블 스타일]은 주어진 〈처리조건〉에 따라 정확히 지정하도록 합니다.

① 피벗 테이블 삽입

1 피벗 테이블 작성 실행

[삽입] 탭-[표] 그룹-[피벗 테이블] 선택

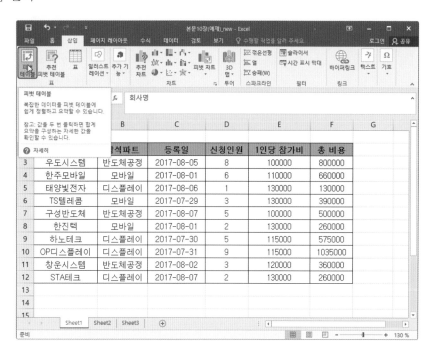

Tip

- 시험에서는 작성한 피벗 테이블의 시트 이름을 변경하도록 처리조건이 지시됩니다.
- 새 워크시트의 이름은 시트 탭을 더블클릭 하여 변경할 수 있습니다.

2 [피벗 테이블 만들기] 대화상자

'표/범위'와 '새 워크시트' 설정을 확인 후 [확인] 단추 클릭

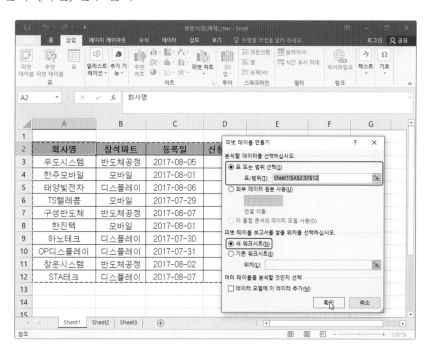

② 피벗 테이블 레이아웃 설정

마우스 드래그를 이용해 [피벗 테이블 필드 목록] 작업창에서 조건에 해당하는 영역에 필드 추가

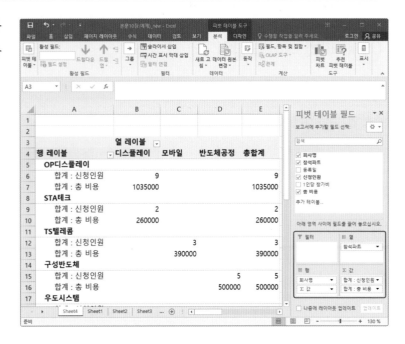

알고가기

■ Σ 값

시험지의 〈출력형태〉를 보고 판단하여 [열 레이블] 또는 [행 레이블]로 마우스 드래그를 이용해 위치를 조절합니다.

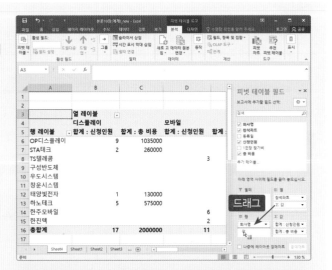

■ 계산 유형 변경

'합계' 부분을 클릭한 후 [값 필드 설정]을 선택하고 계산 유형을 변경합니다.

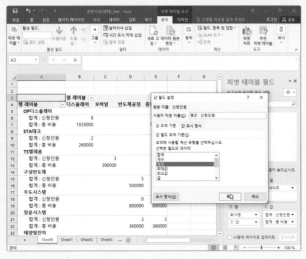

③ 피벗 테이블 기타 설정

1 피벗 테이블 옵션

❶ [피벗 테이블 도구]-[분석] 탭-[피벗 테이블] 그룹-[옵션] 선택

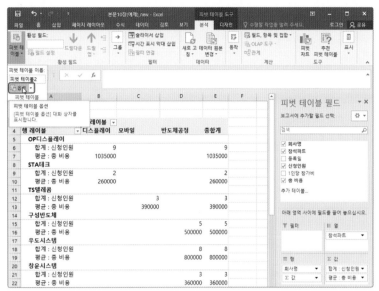

Tip

시험에서는 처리조건으로 빈 셀에 표시할 입력 값이 주어집니다.

❷ [피벗 테이블 옵션] 대화상자의 [레이아웃 및 서식] 탭
- '레이블이 있는 셀 병합 및 가운데 맞춤' 항목 체크
- '빈 셀 표시' 항목에 "--" 입력

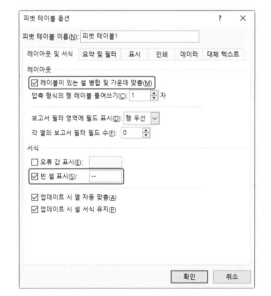

❸ [피벗 테이블 옵션] 대화상자의 [요약 및 필터] 탭
- '행 총합계 표시' 또는 '열 총합계 표시' 항목 체크 해제

② 피벗 테이블 디자인

❶ [피벗 테이블 도구]–[디자인] 탭–[레이아웃] 그룹에서 [보고서 레이아웃]–[테이블 형식으로 표시] 선택

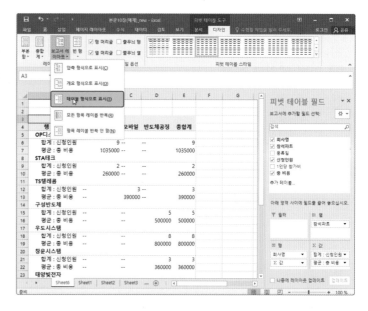

❷ [피벗 테이블 도구]–[디자인] 탭–[피벗 테이블 스타일] 그룹에서 '없음' 선택

Tip

- 시험에서는 '피벗 테이블 스타일'로 다양한 〈처리조건〉이 제시되고 있습니다.
- [보고서 레이아웃]과 [피벗 테이블 스타일]은 주어진 〈처리조건〉에 따라 정확히 지정하도록 합니다.

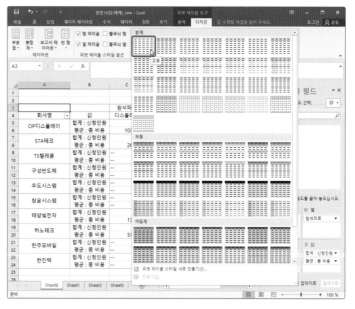

🔊 알고가기

셀 서식(표시 형식) 지정하기

① 마우스 드래그를 이용해 조건에 해당하는 영역을 블록으로 지정합니다.

② 마우스 오른쪽 단추를 클릭한 후 바로 가기 메뉴 중 [셀 서식]을 선택합니다.

③ [셀 서식] 대화상자에서 조건에 해당하는 표시 형식을 지정합니다.

오른쪽 맞춤 지정하기

마우스 드래그를 이용해 조건에 해당하는 영역을 블록으로 지정 후 [홈] 탭–[맞춤] 그룹–[오른쪽 맞춤]을 선택합니다.

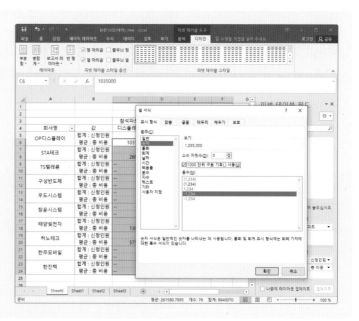

1 **작성조건을 이용하여 다음과 같은 피벗 테이블을 완성해 보세요.** 예제파일 : 기본21(예제).xlsx
완성파일 : 기본21(완성).xlsx

작성조건
▶ [A2:F12]를 이용하여 새로운 시트에 피벗테이블을 작성 후 시트 명을 "피벗테이블 정답"으로 수정
▶ 교통편(행)과 귀성일(열)을 기준
　－ '교통비', '차례선물비'의 평균을 구함
　－ 피벗 테이블 옵션을 이용하여 레이블이 있는 셀 병합 및 가운데 맞춤하고 빈 셀을 '****'로 표시
　－ 피벗 테이블 디자인에서 보고서 레이아웃은 '테이블 형식으로 표시', 피벗 테이블 스타일은 '없음'으로 표시

	A	B	C	D	E	F	G
1							
2							
3			귀성일 ▽				
4	교통편 ▽	값	18	19	20	21	총합계
5	고속버스	평균 : 교통비	60000	100000	****	60000	73333.33333
6		평균 : 차례선물비	150000	200000	****	100000	150000
7	기차	평균 : 교통비	****	****	****	115000	115000
8		평균 : 차례선물비	****	****	****	175000	175000
9	자가용	평균 : 교통비	130000	****	103333.3333	40000	96000
10		평균 : 차례선물비	150000	****	166666.6667	150000	160000
11	전체 평균 : 교통비		95000	100000	103333.3333	82500	93000
12	전체 평균 : 차례선물비		150000	200000	166666.6667	150000	160000

2 **작성조건을 이용하여 다음과 같은 피벗 테이블을 완성해 보세요.** 예제파일 : 기본22(예제).xlsx
완성파일 : 기본22(완성).xlsx

작성조건
▶ [A2:F15]를 이용하여 새로운 시트에 피벗테이블을 작성 후 시트명을 "피벗테이블 정답"으로 수정
▶ 구분(행)과 항목(열)을 기준
　－ '수입', '지출'의 합계를 구함
　－ 피벗 테이블 옵션을 이용하여 레이블이 있는 셀 병합 및 가운데 맞춤하고 빈 셀을 '==='로 표시
　－ 피벗 테이블 디자인에서 보고서 레이아웃은 '테이블 형식으로 표시', 피벗 테이블 스타일은 '피벗 스타일 보통 6'으로 표시

	A	B	C	D	E	F	G	H	I
1									
2									
3			항목 ▽						
4	구분 ▽	값	건강	교육	소득	용돈	주부식	차량	총합계
5	자동이체	합계 : 수입	===	===	500000	===	===	===	500000
6		합계 : 지출	===	===	0	===	===	===	0
7	카드	합계 : 수입	===	0	===	===	0	0	0
8		합계 : 지출	===	116200	===	===	99100	50000	265300
9	현금	합계 : 수입	0	0	===	100000	0	0	100000
10		합계 : 지출	10300	2700	===	0	6000	11000	30000
11	전체 합계 : 수입		0	0	500000	100000	0	0	600000
12	전체 합계 : 지출		10300	118900	0	0	105100	61000	295300
13									

• 예제파일 : 실전5-1(예제).xlsx　• 완성파일 : 실전5-1(완성).xlsx

1 "피벗테이블" 시트를 참조하여 다음 《처리조건》에 맞도록 작업해 보세요.

출력형태

	A	B	C	D	E	F	G
2							
3			클래스 ▾				
4	회원구분 ▾	값	A	B	C	D	E
5	기존	평균 : 수강료	--	100,000	--	200,000	150,000
6		평균 : 교재비	--	54,000	--	53,000	54,000
7	입학	평균 : 수강료	100,000	100,000	100,000	--	--
8		평균 : 교재비	50,000	54,000	56,000	--	--
9	전체 평균 : 수강료		100,000	100,000	100,000	200,000	150,000
10	전체 평균 : 교재비		50,000	54,000	56,000	53,000	54,000
11							

처리조건

▶ "피벗테이블" 시트의 [A2:F12]를 이용하여 새로운 시트에 《출력형태》와 같이 피벗테이블을 작성 후 시트명을 "피벗테이블 정답"으로 수정하시오.

▶ 회원구분(행)과 클래스(열)를 기준으로 하여 출력형태와 같이 구하시오.
　– '수강료'와 '교재비'의 평균을 구하시오.
　– 피벗 테이블 옵션을 이용하여 레이블이 있는 셀 병합 및 가운데 맞춤하고 빈 셀을 "--"로 표시한 후, 행의 총합계를 감추기 하시오.
　– 피벗 테이블 디자인에서 보고서 레이아웃은 '테이블 형식으로 표시', 피벗 테이블 스타일은 '피벗 스타일 밝게 9'로 표시하시오.
　– [C5:G10] 데이터는 셀 서식의 표시형식–숫자를 이용하여 1000 단위 구분 기호를 표시하고, 오른쪽 맞춤하시오.

▶ 회원구분의 순서는 《출력형태》와 다를 수 있음

• 예제파일 : 실전5-2(예제).xlsx　　• 완성파일 : 실전5-2(완성).xlsx

2 "피벗테이블" 시트를 참조하여 다음 《처리조건》에 맞도록 작업해 보세요.

출력형태

	A	B	C	D	E
1					
2					
3			일정 ▾		
4	패키지 ▾	값	2박3일	3박4일	총합계
5		개수 : 패키지	1	==	1
6	골프투어	합계 : 인원	5	==	5
7		합계 : 24개월미만	0	==	0
8		합계 : 가격	1,320,000	==	1,320,000
9		개수 : 패키지	==	1	1
10	신혼여행	합계 : 인원	==	2	2
11		합계 : 24개월미만	==	0	0
12		합계 : 가격	==	1,150,000	1,150,000
13		개수 : 패키지	1	2	3
14	할인패키지	합계 : 인원	5	5	10
15		합계 : 24개월미만	2	1	3
16		합계 : 가격	352,000	829,000	1,181,000
17					

처리조건

▶ "피벗테이블" 시트의 [A1:F11]을 이용하여 새로운 시트에 ≪출력형태≫와 같이 피벗테이블을 작성 후 시트명을 "피벗테이블 정답"으로 수정하시오.

▶ 패키지(행)와 일정(열)을 기준으로 하여 출력형태와 같이 구하시오.
 – '패키지'의 개수를 구하고, '인원', '24개월미만', '가격'의 합계를 구하시오.
 – 피벗 테이블 옵션을 이용하여 레이블이 있는 셀 병합 및 가운데 맞춤하고 빈 셀을 '=='로 표시한 후, 열의 총합계를 감추기 하시오.
 – 피벗 테이블 디자인에서 보고서 레이아웃은 '테이블 형식으로 표시', 피벗 테이블 스타일은 '피벗 스타일 밝게 17'로 표시 하시오.
 – 패키지(행)에는 "골프투어", "신혼여행", "할인패키지" 만 출력되도록 하시오.
 – [C8:E8], [C12:E12], [C16:E16] 데이터는 셀 서식의 표시형식–숫자를 이용하여 1000 단위 구분 기호를 표시하시오.
 – [C5:E16] 데이터는 오른쪽 맞춤하시오.

▶ 패키지의 순서는 ≪출력형태≫와 다를 수 있음

▶ 지시사항이 없는 경우는 ≪출력형태≫와 동일하게 작성하시오.

🔊 알고가기

「패키지(행)에는 "골프투어", "신혼여행", "할인패키지" 만 출력되도록 하시오.」

① [패키지] 필드의 내림 단추를 클릭합니다.

② '값 필터'에서 조건에 해당하는 값만 체크합니다.

Chapter 11

차트 작성하기

>>> 핵심만 쏙쏙

차트는 숫자로 되어 있는 데이터를 그래프로 변경하여 한 눈에 알아볼 수 있도록 하는 기능입니다.
처리조건에 따라 차트의 각 구성 요소 서식을 정확히 적용하도록 합니다.

핵심 짚어보기

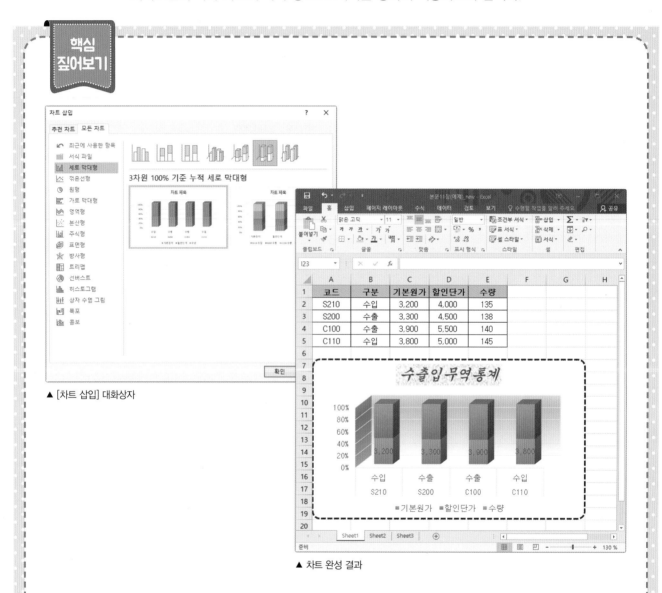

▲ [차트 삽입] 대화상자

▲ 차트 완성 결과

클래스 업

• 차트 삽입은 [삽입] 탭–[차트] 그룹을 이용하고, 차트 스타일은 [차트 도구]–[디자인] 탭–[차트 스타일] 그룹을 이용합니다.

• 차트 제목은 [차트 도구]–[레이아웃] 탭–[레이블] 그룹–[차트 제목]–[차트 위]를 이용합니다.

1 차트 작성

1 차트 삽입하기

❶ 마우스 드래그를 이용해 차트를 작성할 데이터 범위 지정

❷ [삽입] 탭-[차트] 그룹에서 조건에 해당하는 차트 선택

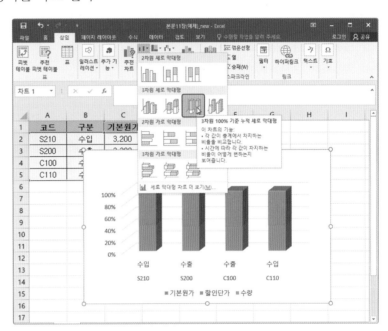

> **Tip**
>
> **[차트 삽입] 대화상자 이용**
>
> [삽입] 탭-[차트] 그룹의 오른쪽 하단에 있는 [모든 차트 보기(⬚)] 단추를 클릭합니다.

2 차트 제목

❶ [차트 도구]-[디자인] 탭-[차트 레이아웃] 그룹-[차트 요소 추가]-[차트 제목]-[차트 위] 선택

❷ 조건에 해당하는 차트 제목 입력

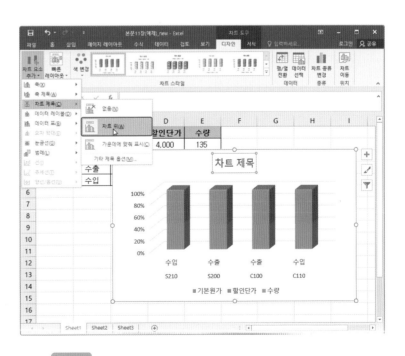

③ 범례 위치

[차트 도구]-[디자인] 탭-[차트 레이아웃] 그룹
-[차트 요소 추가]-[범례]에서 조건에 해당하는
위치 지정

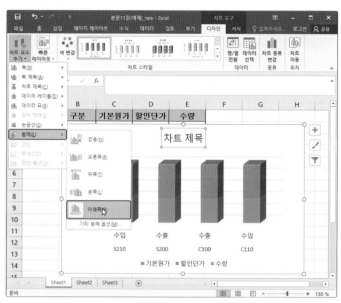

Tip

[범례 서식] 대화상자 이용

① 범례 선택 후 마우스 오른쪽 단추 클릭

② 바로 가기 메뉴 중 [범례 서식] 선택

③ [범례 서식] 대화상자에서 범례 위치 지정

④ 차트 스타일

❶ [차트 도구]-[디자인] 탭-[차트 스타일] 그룹
-[색 변경] 클릭 후 조건에 해당하는 색상
형 지정

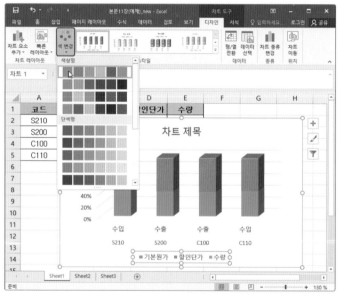

❷ [차트 도구]-[디자인] 탭-[차트 스타일] 그
룹에서 '자세히(▾)' 단추 클릭 후 조건에 해
당하는 차트 스타일 지정

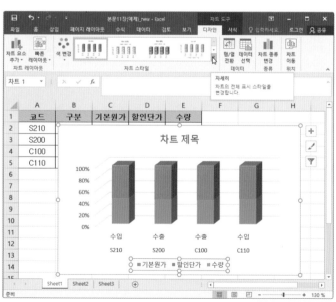

Tip

시험에서는 특정 영역에 차트의 위치와 크기를 정확히 맞추
도록 출제되고 있습니다.

② 차트 편집

① 차트 영역 서식

❶ 차트 영역에서 마우스 오른쪽 단추 클릭
❷ 바로 가기 메뉴 중 [차트 영역 서식] 선택
❸ [차트 영역 서식] 대화상자에서 주어진 〈처리조건〉에 따라
   [테두리 색]/[테두리 스타일] 지정

Tip

그라데이션 채우기, 질감 채우기 등을 지정할 경우에는 [차트 영역 서식] 대화상자–
[채우기]를 이용합니다.

② 그림 영역 서식

❶ 그림 영역에서 마우스 오른쪽 단추 클릭
❷ 바로 가기 메뉴 중 [그림 영역 서식] 선택
❸ [그림 영역 서식] 대화상자–[채우기]에서 조건에 해당하는
   '그라데이션' 또는 '질감' 지정

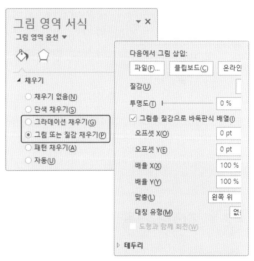

Tip

각 영역의 글꼴 서식은 [홈] 탭–[글꼴] 그룹을 이용해 지정합니다.

③ 데이터 레이블 추가

❶ 조건에 해당하는 계열에서 마우스 오른쪽 단추
   클릭
❷ 바로 가기 메뉴 중 [데이터 레이블 추가] 선택

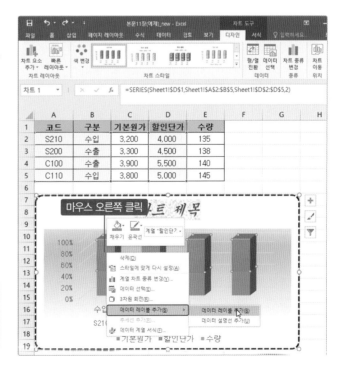

Tip

데이터 레이블 서식을 변경하려면 마우스 오른쪽 단추를 누른 후
바로 가기 메뉴에서 [데이터 레이블 서식]을 선택합니다.

1 작성조건을 이용하여 시트에 차트를 만들어 보세요.

예제파일 : 기본23(예제).xlsx
완성파일 : 기본23(완성).xlsx

작성조건

▶ '3차원 누적 세로 막대형' 차트 작성
 - 데이터 범위 : 현재 시트 [A2:C5]의 데이터를 이용하여 작성하고 행/열 전환은 '열'로 지정
 - 차트 제목("2021 추석 귀성 비용")
 - 범례 위치 : 아래쪽
 - 차트 스타일 : 색 변경(색상형 – 색 1, 스타일 5)
 - 차트 위치 : 현재 시트의 [A7:G25] 크기에 정확하게 맞춤
 - 차트 영역 서식 : 글꼴(굴림체, 11pt), 테두리 색(실선, 색 : 진한 파랑), 테두리 스타일(너비 : 2.5pt, 겹선 종류 : 단순형, 대시 종류 : 사각 점선, 둥근 모서리)
 - 차트 제목 서식 : 글꼴(HY견고딕, 20pt, 기울임꼴), 채우기(그림 또는 질감 채우기, 질감 : 파랑 박엽지)
 - 데이터 레이블 추가 : '교통비' 계열에 "값" 표시

2 작성조건을 이용하여 시트에 차트를 만들어 보세요.

예제파일 : 기본24(예제).xlsx
완성파일 : 기본24(완성).xlsx

작성조건

▶ '묶은 가로 막대형' 차트 작성
 - 데이터 범위 : 현재 시트 [A2:D6]의 데이터를 이용하여 작성하고 행/열 전환은 '열'로 지정
 - 차트 제목("공과료 납입 현황")
 - 범례 위치 : 아래쪽
 - 차트 스타일 : 색 변경(색상형 – 색 3, 스타일 5)
 - 차트 위치 : 현재 시트의 [A8:G24] 크기에 정확하게 맞춤
 - 차트 영역 서식 : 글꼴(돋움체, 11pt), 테두리 색(실선, 색 : 자주), 테두리 스타일(너비 : 2.25pt, 겹선 종류 : 단순형, 대시 종류 : 파선, 둥근 모서리)
 - 차트 제목 서식 : 글꼴(휴먼옛체, 24pt, 기울임꼴), 채우기(그림 또는 질감 채우기, 질감 : 편지지)
 - 그림 영역 서식 : 채우기(그라데이션 채우기, 그라데이션 미리 설정 : 밝은 그라데이션 – 강조 5, 종류 : 선형, 방향 : 선형 위쪽)

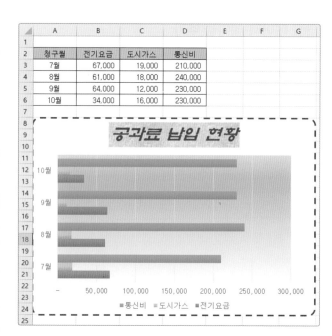

• 예제파일 : 실전6-1(예제).xlsx • 완성파일 : 실전6-1(완성).xlsx

1 "차트" 시트를 참조하여 다음 《처리조건》에 맞도록 작업해 보세요.

출력형태

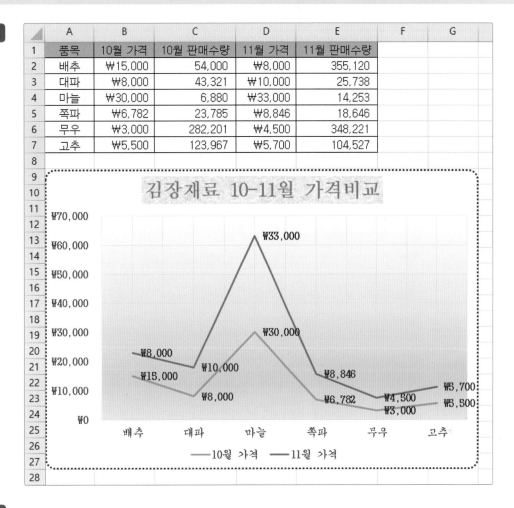

	A	B	C	D	E	F	G
1	품목	10월 가격	10월 판매수량	11월 가격	11월 판매수량		
2	배추	₩15,000	54,000	₩8,000	355,120		
3	대파	₩8,000	43,321	₩10,000	25,738		
4	마늘	₩30,000	6,880	₩33,000	14,253		
5	쪽파	₩6,782	23,785	₩8,846	18,646		
6	무우	₩3,000	282,201	₩4,500	348,221		
7	고추	₩5,500	123,967	₩5,700	104,527		

처리조건

▶ "차트" 시트에 주어진 표를 이용하여 '누적 꺾은선형' 차트를 작성하시오.
  - 데이터 범위 : 현재 시트 [A1:B7], [D1:D7]의 데이터를 이용하여 작성하고 행/열 전환은 '열'로 지정
  - 차트 제목("김장재료 10-11월 가격비교")
  - 범례 위치 : 아래쪽
  - 차트 스타일 : 색 변경(색상형 – 색 4, 스타일 5)
  - 차트 위치 : 현재 시트에 [A9:G27] 크기에 정확하게 맞추시오.
  - 차트 영역 서식 : 글꼴(궁서체, 11pt), 테두리 색(실선, 색 : 진한 파랑), 테두리 스타일(너비 : 2pt, 겹선 종류 : 단순형, 대시 종류 : 둥근 점선, 둥근 모서리)
  - 차트 제목 서식 : 글꼴(바탕체, 20pt, 굵게), 채우기(그림 또는 질감 채우기, 질감 : 파랑 박엽지)
  - 그림 영역 서식 : 채우기(그라데이션 채우기, 그라데이션 미리 설정 : 밝은 그라데이션 – 강조 1, 종류 : 선형, 방향 : 선형 아래쪽)
  - 데이터 레이블 추가 : '10월 가격', '11월 가격' 계열에 "값" 표시

▶ 지시사항이 없는 경우는 《출력형태》와 동일하게 작성하시오.

• 예제파일 : 실전6-2(예제).xlsx   • 완성파일 : 실전6-2(완성).xlsx

2 ● "차트" 시트를 참조하여 다음 《처리조건》에 맞도록 작업해 보세요.

출력형태

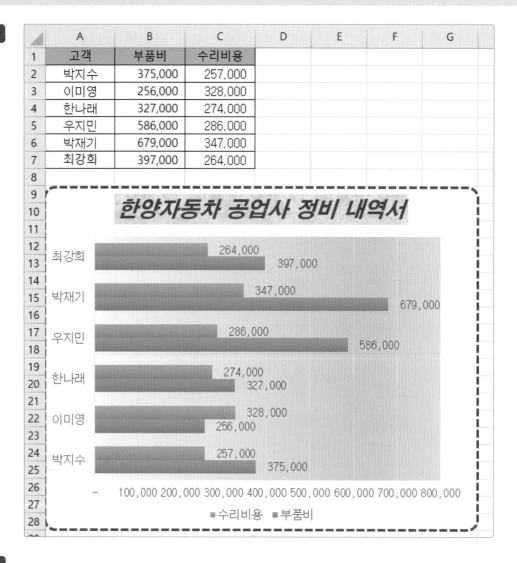

처리조건

▶ "차트" 시트에 주어진 표를 이용하여 '묶은 가로 막대형' 차트를 작성하시오.

– 데이터 범위 : 현재 시트 [A1:C7]의 데이터를 이용하여 작성하고 행/열 전환은 '열'로 지정

– 차트 제목("한양자동차 공업사 정비 내역서")

– 범례 위치 : 아래쪽

– 차트 스타일 : 색 변경(색상형 – 색 2, 스타일 5)

– 차트 위치 : 현재 시트에 [A9:G28] 크기에 정확하게 맞추시오.

– 차트 영역 서식 : 글꼴(돋움체, 11pt), 테두리 색(실선, 색 : 빨강), 테두리 스타일(너비 : 2.5pt, 겹선 종류 : 단순형, 대시 종류 : 사각 점선, 둥근 모서리)

– 차트 제목 서식 : 글꼴(HY견고딕, 20pt, 기울임꼴), 채우기(그림 또는 질감 채우기, 질감 : 꽃다발)

– 그림 영역 서식 : 채우기(그라데이션 채우기, 그라데이션 미리 설정 : 밝은 그라데이션 – 강조 2, 종류 : 선형, 방향 : 선형 오른쪽)

– 데이터 레이블 추가 : '부품비', '수리비용' 계열에 "값" 표시

▶ 지시사항이 없는 경우는 《출력형태》와 동일하게 작성하시오.

PART

02

실전모의고사

CONTENTS

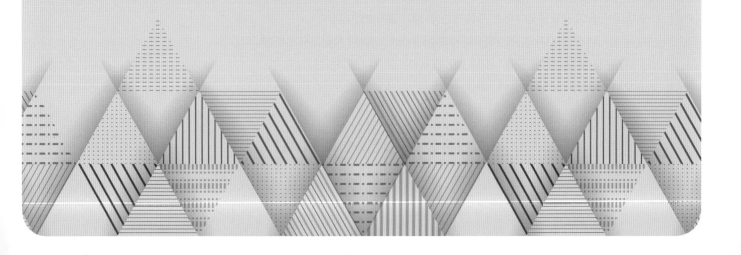

제01회 실전모의고사

MS Office 2016 버전용

- 시험과목 : 스프레드시트(엑셀)
- 시험일자 : 20XX. XX. XX(X)
- 응시자 기재사항 및 감독위원 확인

수 검 번 호	DIS – XXXX –	감독위원 확인
성 명		

응시자 유의사항

1. 응시자는 신분증을 지참하여야 시험에 응시할 수 있으며, 시험이 종료될 때까지 신분증을 제시하지 못 할 경우 해당 시험은 0점 처리됩니다.

2. 시스템(PC작동여부, 네트워크 상태 등)의 이상여부를 반드시 확인하여야 하며, 시스템 이상이 있을시 감독위원에게 조치를 받으셔야 합니다.

3. 시험 중 부주의 또는 고의로 시스템을 파손한 경우는 응시자 부담으로 합니다.

4. 답안 전송 프로그램을 통해 다운로드 받은 파일을 이용하여 답안파일을 작성하시기 바랍니다.

5. 작성한 답안 파일은 답안 전송 프로그램을 통하여 전송됩니다. 감독위원의 지시에 따라 주시기 바랍니다.

6. 다음사항의 경우 실격(0점) 혹은 부정행위 처리됩니다.

    1) 답안파일을 저장하지 않았거나, 저장한 파일이 손상되었을 경우

    2) 답안파일을 지정된 폴더(바탕화면 – "KAIT" 폴더)에 저장하지 않았을 경우

       ※ 답안 전송 프로그램 로그인 시 바탕화면에 자동 생성됨

    3) 답안파일을 다른 보조 기억장치(USB) 혹은 네트워크(메신저, 게시판 등)로 전송할 경우

    4) 휴대용 전화기 등 통신기기를 사용할 경우

7. 시험지에 제시된 글꼴이 응시 프로그램에 없는 경우, 반드시 감독위원에게 해당 내용을 통보한 뒤 조치를 받아야 합니다.

8. 시험의 완료는 작성이 완료된 답안을 저장하고, 답안 전송이 완료된 상태를 확인한 것으로 합니다. 답안 전송 확인 후 문제지는 감독위원에게 제출한 후 퇴실하여야 합니다.

9. 답안전송이 완료된 경우에는 수정 또는 정정이 불가능합니다.

10. 시험시행 후 합격자 발표는 홈페이지(www.ihd.or.kr)에서 확인하시기 바랍니다.

    1) 문제 및 모범답안 공개 : 20XX. XX. XX(X)

    2) 합격자 발표 : 20XX. XX. XX(X)

식별CODE

한국정보통신진흥협회 KAIT
Korea Association for ICT promotion

문제 1 **"매출현황" 시트를 참조하여 다음 《 처리조건 》에 맞도록 작업하시오.** 50점

출력형태

제품명	구분	계열	20대	30대	40대	합계	순위	비고
핫레드	틴트	레드	1,186,057	2,115,741	1,064,793	4,366,591원	2위	인기상품
롱타임샤이닝	립밤	오렌지	395,655	541,627	489,968	1,427,250원	8위	
로맨틱모이스트	립스틱	오렌지	356,884	468,929	495,581	1,321,394원	9위	
롱롱에센스립	립밤	레드	655,507	1,383,270	1,419,136	3,457,913원	4위	
틴티드리퀴드루즈	틴트	핑크	861,899	650,496	526,446	2,038,841원	6위	
너리싱오렌지	립글로스	오렌지	711,425	650,566	622,023	1,984,014원	7위	
엡솔레드	립스틱	레드	2,436,629	1,273,518	1,005,415	4,715,562원	1위	인기상품
샤인다이아	립글로스	핑크	930,187	1,454,943	952,070	3,337,200원	5위	
미네랄컬러	틴트	오렌지	299,773	319,515	301,423	920,711원	10위	
루즈샤인포에버	립스틱	핑크	774,821	1,651,336	1,246,168	3,672,325원	3위	인기상품
'40대'의 최대값-최소값 차이				1,117,713				
'구분'이 "틴트"인 '20대'의 합계				2,347,729				
'30대' 중 세 번째로 큰 값				1,454,943				

처리조건

▶ 1행의 행 높이를 '80'으로 설정하고, 2행~15행의 행 높이를 '18'로 설정하시오.
▶ 제목("뷰티샵 립스틱 매출 현황") : 기본 도형의 '눈물 방울'을 이용하여 입력하시오.
　– 도형 : 위치([B1:H1]), 도형 스타일(테마 스타일 – 미세 효과 – '주황, 강조 2')
　– 글꼴 : 돋움체, 24pt, 기울임꼴
　– 도형 서식 : 도형 옵션 – 크기 및 속성(텍스트 상자(세로 맞춤 : 정가운데, 텍스트 방향 : 가로))

▶ 셀 서식을 아래 조건에 맞게 작성하시오.
　– [A2:I15] : 테두리(안쪽, 윤곽선 모두 실선, '검정, 텍스트 1'), 전체 가운데 맞춤
　– [A13:D13], [A14:D14], [A15:D15] : 각각 병합하고 가운데 맞춤
　– [A2:I2], [A13:D15] : 채우기 색('주황, 강조 2, 60% 더 밝게'), 글꼴(굵게)
　– [D3:F12], [E13:G15] : 셀 서식의 표시형식–숫자를 이용하여 1000단위 구분 기호 표시
　– [G3:G12] : 셀 서식의 표시형식–사용자 지정을 이용하여 #,##0"원"자를 추가
　– [H3:H12] : 셀 서식의 표시형식–사용자 지정을 이용하여 #"위"자를 추가
　– 조건부 서식[A3:I12] : '구분'이 "립밤"인 경우 레코드 전체에 글꼴(녹색, 굵게) 적용
　– 지시사항이 없는 경우는 주어진 문제파일의 서식을 그대로 사용하시오.

▶ ① 순위[H3:H12] : '합계'를 기준으로 큰 순으로 순위를 구하시오. **(RANK 함수)**
▶ ② 비고[I3:I12] : '합계'가 3500000 이상이면 "인기상품", 그렇지 않으면 공백으로 구하시오. **(IF 함수)**
▶ ③ 최대값-최소값[E13:G13] : '40대'의 최대값과 최소값의 차이를 구하시오. **(MAX, MIN 함수)**
▶ ④ 합계[E14:G14] : '구분'이 "틴트"인 '20대'의 합계를 구하시오. **(DSUM 함수)**
▶ ⑤ 세 번째로 큰 값[E15:G15] : '30대' 중 세 번째로 큰 값을 구하시오. **(LARGE 함수)**

문제 ② "부분합" 시트를 참조하여 다음《 처리조건 》에 맞도록 작업하시오.   30점

출력형태

	제품명	구분	계열	20대	30대	40대	합계
3	핫레드	틴트	레드	1,186,057	2,115,741	1,064,793	4,366,591
4	롱롱에센스립	립밤	레드	655,507	1,383,270	1,419,136	3,457,913
5	엡솔레드	립스틱	레드	2,436,629	1,273,518	1,005,415	4,715,562
6	3		레드 개수				
7			레드 평균	1,426,064	1,590,843		
8	롱타임샤이닝	립밤	오렌지	395,655	541,627	489,968	1,427,250
9	로맨틱모이스트	립스틱	오렌지	356,884	468,929	495,581	1,321,394
10	너리싱오렌지	립글로스	오렌지	711,425	650,566	622,023	1,984,014
11	미네랄컬러	틴트	오렌지	299,773	319,515	301,423	920,711
12	4		오렌지 개수				
13			오렌지 평균	440,934	495,159		
14	틴티드리퀴드루즈	틴트	핑크	861,899	650,496	526,446	2,038,841
15	샤인다이아	립글로스	핑크	930,187	1,454,943	952,070	3,337,200
16	루즈샤인포에버	립스틱	핑크	774,821	1,651,336	1,246,168	3,672,325
17	3		핑크 개수				
18			핑크 평균	855,636	1,252,258		
19	10		전체 개수				
20			전체 평균	860,884	1,050,994		
21							

처리조건

▶ 데이터를 '계열' 기준으로 오름차순 정렬하시오.

▶ 아래 조건에 맞는 부분합을 작성하시오.
  – '계열'으로 그룹화 하여 '20대', '30대'의 평균을 구하는 부분합을 만드시오.
  – '계열'으로 그룹화 하여 '제품명'의 개수를 구하는 부분합을 만드시오.
    (새로운 값으로 대치하지 말 것)
  – [D3:G20] 영역에 셀 서식의 표시형식–숫자를 이용하여 1000단위 구분 기호를 표시하시오.

▶ D~F열을 선택하여 그룹을 설정하시오.

▶ 평균과 개수 부분합의 순서는 ≪ 출력형태 ≫와 다를 수 있음

▶ 지시사항이 없는 경우는 기본 값을 적용하시오.

문제 **3** "필터"와 "시나리오" 시트를 참조하여 다음 《 처리조건 》에 맞도록 작업하시오.   60점

1 필터

출력형태 – 필터

	A	B	C	D	E	F	G
1							
2	제품명	구분	계열	20대	30대	40대	합계
3	핫레드	틴트	레드	1186057	2115741	1064793	4366591
4	롱타임샤이닝	립밤	오렌지	395655	541627	489968	1427250
5	로맨틱모이스트	립스틱	오렌지	356884	468929	495581	1321394
6	롱롱에센스립	립밤	레드	655507	1383270	1419136	3457913
7	틴티드리퀴드루즈	틴트	핑크	861899	650496	526446	2038841
8	너리싱오렌지	립글로스	오렌지	711425	650566	622023	1984014
9	엡솔레드	립스틱	레드	2436629	1273518	1005415	4715562
10	샤인다이아	립글로스	핑크	930187	1454943	952070	3337200
11	미네랄컬러	틴트	오렌지	299773	319515	301423	920711
12	루즈샤인포에버	립스틱	핑크	774821	1651336	1246168	3672325
13							
14	조건						
15	TRUE						
16							
17							
18	제품명	구분	계열	20대			
19	핫레드	틴트	레드	1186057			
20	틴티드리퀴드루즈	틴트	핑크	861899			
21							

처리조건

▶ "필터" 시트의 [A2:G12]를 아래 조건에 맞게 고급필터를 사용하여 작성하시오.

   – '구분'이 "틴트"이고 '합계'가 1000000 이상인 데이터를 '제품명', '구분', '계열', '20대'의 데이터만 필터링 하시오.

   – 조건 위치 : 조건 함수는 [A15] 한 셀에 작성(AND 함수 이용)

   – 결과 위치 : [A18]부터 출력

▶ 지시사항이 없는 경우는 《 출력형태 – 필터 》와 동일하게 작성하시오.

2 시나리오

출력형태 – 시나리오

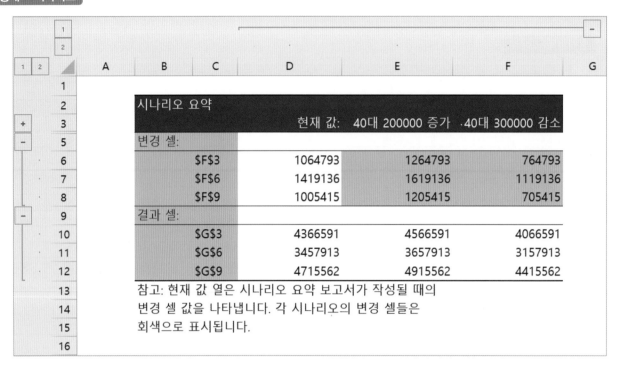

처리조건

▶ "시나리오" 시트의 [A2:G12]를 이용하여 '계열'이 "레드"인 경우, '40대'가 변동할 때 '합계'가 변동하는 가상분석 (시나리오)을 작성하시오.

   – 시나리오1 : 시나리오 이름은 "40대 200000 증가", '40대'에 200000을 증가시킨 값 설정.
   – 시나리오2 : 시나리오 이름은 "40대 300000 감소", '40대'에 300000을 감소시킨 값 설정.
   – "시나리오 요약" 시트를 작성하시오.

▶ 지시사항이 없는 경우는 ≪ 출력형태 – 시나리오 ≫와 동일하게 작성하시오.

문제 **4** "피벗테이블" 시트를 참조하여 다음 《 처리조건 》에 맞도록 작업하시오.　　30점

출력형태

	A	B	C	D	E
1					
2					
3			구분 🔽		
4	계열 🔽	값	립글로스	립스틱	틴트
5	레드	평균 : 20대	***	2,436,629	1,186,057
6		평균 : 30대	***	1,273,518	2,115,741
7	오렌지	평균 : 20대	711,425	356,884	299,773
8		평균 : 30대	650,566	468,929	319,515
9	핑크	평균 : 20대	930,187	774,821	861,899
10		평균 : 30대	1,454,943	1,651,336	650,496
11	전체 평균 : 20대		820,806	1,189,445	782,576
12	전체 평균 : 30대		1,052,755	1,131,261	1,028,584
13					

처리조건

▶ "피벗테이블" 시트의 [A2:G12]를 이용하여 새로운 시트에 ≪ 출력형태 ≫와 같이 피벗테이블을 작성 후 시트명을 "피벗테이블 정답"으로 수정하시오.

▶ 계열(행)과 구분(열)을 기준으로 하여 출력형태와 같이 구하시오.
 – '20대', '30대'의 평균을 구하시오.
 – 피벗 테이블 옵션을 이용하여 레이블이 있는 셀 병합 및 가운데 맞춤하고, 빈 셀을 "***"로 표시한 후, 행의 총 합계를 감추기 하시오.
 – 피벗 테이블 디자인에서 보고서 레이아웃은 '테이블 형식으로 표시', 피벗 테이블 스타일은 '피벗 스타일 보통 10'으로 표시하시오.
 – 구분(열)은 "립글로스", "립스틱", "틴트"만 출력되도록 표시하시오.
 – [C5:E12] 데이터는 셀 서식의 표시형식–숫자를 이용하여 1000단위 구분 기호를 표시하고, 가운데 맞춤하시오.

▶ 계열의 순서는 ≪ 출력형태 ≫와 다를 수 있음

▶ 지시사항이 없는 경우는 ≪ 출력형태 ≫와 동일하게 작성하시오.

문제 **5** "차트" 시트를 참조하여 다음《 처리조건 》에 맞도록 작업하시오.　　30점

출력형태

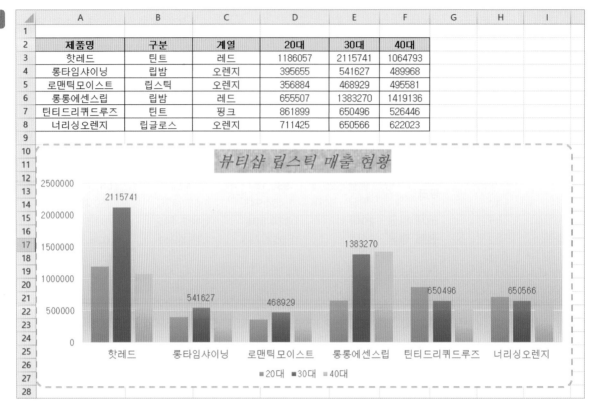

제품명	구분	계열	20대	30대	40대
핫레드	틴트	레드	1186057	2115741	1064793
롱타임샤이닝	립밤	오렌지	395655	541627	489968
로맨틱모이스트	립스틱	오렌지	356884	468929	495581
롱롱에센스립	립밤	레드	655507	1383270	1419136
틴티드리퀴드루즈	틴트	핑크	861899	650496	526446
너리싱오렌지	립글로스	오렌지	711425	650566	622023

처리조건

▶ "차트" 시트에 주어진 표를 이용하여 '묶은 세로 막대형' 차트를 작성하시오.
　– 데이터 범위 : 현재 시트 [A2:A8], [D2:F8]의 데이터를 이용하여 작성하고, 행/열 전환은 '열'로 지정
　– 차트 제목("뷰티샵 립스틱 매출 현황")
　– 범례 위치 : 아래쪽
　– 차트 스타일 : 색 변경(색상형 – 색 4, 스타일 6)
　– 차트 위치 : 현재 시트에 [A10:I27] 크기에 정확하게 맞추시오.
　– 차트 영역 서식 : 글꼴(돋움체, 11pt), 테두리 색(실선, 색 : '주황, 강조 2'),
　　　　　　　　　　테두리 스타일(너비 : 2pt, 겹선 종류 : 이중, 대시 종류 : 파선, 둥근 모서리)
　– 차트 제목 서식 : 글꼴(바탕, 18pt, 기울임꼴), 채우기(그림 또는 질감 채우기, 질감 : 분홍 박엽지)
　– 그림 영역 서식 : 채우기(그라데이션 채우기, 그라데이션 미리 설정 : 밝은 그라데이션–강조 2, 종류 : 선형,
　　　　　　　　　　방향 : 선형 아래쪽)
　– 데이터 레이블 추가 : '30대'의 계열에 "값" 표시

▶ 지시사항이 없는 경우는 ≪ 출력형태 ≫와 동일하게 작성하시오.

제02회 실전모의고사

MS Office 2016 버전용

- 시험과목 : 스프레드시트(엑셀)
- 시험일자 : 20XX. XX. XX(X)
- 응시자 기재사항 및 감독위원 확인

수 검 번 호	DIS – XXXX –	감독위원 확인
성 명		

응시자 유의사항

1. 응시자는 신분증을 지참하여야 시험에 응시할 수 있으며, 시험이 종료될 때까지 신분증을 제시하지 못 할 경우 해당 시험은 0점 처리됩니다.

2. 시스템(PC작동여부, 네트워크 상태 등)의 이상여부를 반드시 확인하여야 하며, 시스템 이상이 있을시 감독위원에게 조치를 받으셔야 합니다.

3. 시험 중 부주의 또는 고의로 시스템을 파손한 경우는 응시자 부담으로 합니다.

4. 답안 전송 프로그램을 통해 다운로드 받은 파일을 이용하여 답안파일을 작성하시기 바랍니다.

5. 작성한 답안 파일은 답안 전송 프로그램을 통하여 전송됩니다. 감독위원의 지시에 따라 주시기 바랍니다.

6. 다음사항의 경우 실격(0점) 혹은 부정행위 처리됩니다.

    1) 답안파일을 저장하지 않았거나, 저장한 파일이 손상되었을 경우

    2) 답안파일을 지정된 폴더(바탕화면 – "KAIT" 폴더)에 저장하지 않았을 경우

        ※ 답안 전송 프로그램 로그인 시 바탕화면에 자동 생성됨

    3) 답안파일을 다른 보조 기억장치(USB) 혹은 네트워크(메신저, 게시판 등)로 전송할 경우

    4) 휴대용 전화기 등 통신기기를 사용할 경우

7. 시험지에 제시된 글꼴이 응시 프로그램에 없는 경우, 반드시 감독위원에게 해당 내용을 통보한 뒤 조치를 받아야 합니다.

8. 시험의 완료는 작성이 완료된 답안을 저장하고, 답안 전송이 완료된 상태를 확인한 것으로 합니다. 답안 전송 확인 후 문제지는 감독위원에게 제출한 후 퇴실하여야 합니다.

9. 답안전송이 완료된 경우에는 수정 또는 정정이 불가능합니다.

10. 시험시행 후 합격자 발표는 홈페이지(www.ihd.or.kr)에서 확인하시기 바랍니다.

    1) 문제 및 모범답안 공개 : 20XX. XX. XX(X)

    2) 합격자 발표 : 20XX. XX. XX(X)

식별CODE

한국정보통신진흥협회 KAIT
Korea Association for ICT promotion

문제 1 "수입현황" 시트를 참조하여 다음《 처리조건 》에 맞도록 작업하시오. 50점

출력형태

과일명	최대생산국	주요수입국	2017년	2018년	2019년	평균	순위	비고
레몬	멕시코	미국	15,315	16,715	15,750	15,927톤	8위	
망고	인도	필리핀	11,253	13,741	16,229	13,741톤	9위	
바나나	인도	필리핀	437,719	366,839	367,959	390,839톤	1위	인기과일
아보카도	멕시코	미국	4,271	6,288	8,305	6,288톤	10위	
오렌지	브라질	미국	142,316	256,533	370,750	256,533톤	2위	인기과일
자몽	미국	미국	23,366	23,345	24,324	23,678톤	6위	
체리	터키	미국	14,467	18,283	22,099	18,283톤	7위	
키위	중국	중국	31,511	28,637	25,763	28,637톤	5위	
파인애플	태국	필리핀	77,223	79,100	80,977	79,100톤	3위	인기과일
포도	이탈리아	칠레	53,738	56,406	59,074	56,406톤	4위	인기과일
'평균'의 최대값과 최소값의 차이				384,551				
'주요수입국'이 "미국"인 '2019년'의 평균				88,246				
'2018년' 중 두 번째로 큰 값				256,533				

제목 위에 "연도별 과일 수입 현황"

처리조건

▶ 1행의 행 높이를 '80'으로 설정하고, 2행~15행의 행 높이를 '18'로 설정하시오.

▶ 제목("연도별 과일 수입 현황") : 기본 도형의 '원통'을 이용하여 입력하시오.
　－ 도형 : 위치([B1:H1]), 도형 스타일(테마 스타일 – 보통 효과 – '주황, 강조 2')
　－ 글꼴 : 궁서체, 24pt, 기울임꼴
　－ 도형 서식 : 도형 옵션 – 크기 및 속성(텍스트 상자(세로 맞춤 : 정가운데, 텍스트 방향 : 가로))

▶ 셀 서식을 아래 조건에 맞게 작성하시오.
　－ [A2:I15] : 테두리(안쪽, 윤곽선 모두 실선, '검정, 텍스트 1'), 전체 가운데 맞춤
　－ [A13:D13], [A14:D14], [A15:D15] : 각각 병합하고 가운데 맞춤
　－ [A2:I2], [A13:D15] : 채우기 색('파랑, 강조 1, 60% 더 밝게'), 글꼴(굵게)
　－ [D3:F12], [E13:G15] : 셀 서식의 표시형식–숫자를 이용하여 1000단위 구분 기호 표시
　－ [G3:G12] : 셀 서식의 표시형식–사용자 지정을 이용하여 #,##0"톤"자를 추가
　－ [H3:H12] : 셀 서식의 표시형식–사용자 지정을 이용하여 #"위"자를 추가
　－ 조건부 서식[A3:I12] : '평균'이 100000 이상인 경우 레코드 전체에 글꼴(자주, 굵게) 적용
　－ 지시사항이 없는 경우는 주어진 문제파일의 서식을 그대로 사용하시오.

▶ ① 순위[H3:H12] : '평균'을 기준으로 큰 순으로 순위를 구하시오. **(RANK 함수)**
▶ ② 비고[I3:I12] : '2019년'이 50000 이상이면 "인기과일", 그렇지 않으면 공백으로 구하시오. **(IF 함수)**
▶ ③ 최대값–최소값[E13:G13] : '평균'의 최대값과 최소값의 차이를 구하시오. **(MAX, MIN 함수)**
▶ ④ 평균[E14:G14] : '주요수입국'이 "미국"인 '2019년'의 평균을 구하시오. **(DAVERAGE 함수)**
▶ ⑤ 두 번째로 큰 값[E15:G15] : '2018년' 중 두 번째로 큰 값을 구하시오. **(LARGE 함수)**

문제 2 **"부분합"** 시트를 참조하여 다음 《 처리조건 》에 맞도록 작업하시오.   30점

출력형태

	과일명	최대생산국	주요수입국	2017년	2018년	2019년	평균
	레몬	멕시코	미국	15,315	16,715	15,750	15,927
	아보카도	멕시코	미국	4,271	6,288	8,305	6,288
	오렌지	브라질	미국	142,316	256,533	370,750	256,533
	자몽	미국	미국	23,366	23,345	24,324	23,678
	체리	터키	미국	14,467	18,283	22,099	18,283
	5		미국 개수				
			미국 평균		64,233	88,246	
	키위	중국	중국	31,511	28,637	25,763	28,637
	1		중국 개수				
			중국 평균		28,637	25,763	
	포도	이탈리아	칠레	53,738	56,406	59,074	56,406
	1		칠레 개수				
			칠레 평균		56,406	59,074	
	망고	인도	필리핀	11,253	13,741	16,229	13,741
	바나나	인도	필리핀	437,719	366,839	367,959	390,839
	파인애플	태국	필리핀	77,223	79,100	80,977	79,100
	3		필리핀 개수				
			필리핀 평균		153,227	155,055	
	10		전체 개수				
			전체 평균		86,589	99,123	

처리조건

▶ 데이터를 '주요수입국' 기준으로 오름차순 정렬하시오.

▶ 아래 조건에 맞는 부분합을 작성하시오.
  – '주요수입국'으로 그룹화 하여 '2018년', '2019년'의 평균을 구하는 부분합을 만드시오.
  – '주요수입국'으로 그룹화 하여 '과일명'의 개수를 구하는 부분합을 만드시오.
   (새로운 값으로 대치하지 말 것)
  – [D3:G22] 영역에 셀 서식의 표시형식–숫자를 이용하여 1000단위 구분 기호를 표시하시오.

▶ D~F열을 선택하여 그룹을 설정하시오.

▶ 평균과 개수 부분합의 순서는 ≪ 출력형태 ≫와 다를 수 있음

▶ 지시사항이 없는 경우는 기본 값을 적용하시오.

문제 3 "필터"와 "시나리오" 시트를 참조하여 다음 《 처리조건 》에 맞도록 작업하시오.　　60점

1 필터

출력형태 – 필터

	A	B	C	D	E	F	G
1							
2	과일명	최대생산국	주요수입국	2017년	2018년	2019년	평균
3	레몬	멕시코	미국	15,315	16,715	15,750	15,927
4	망고	인도	필리핀	11,253	13,741	16,229	13,741
5	바나나	인도	필리핀	437,719	366,839	367,959	390,839
6	아보카도	멕시코	미국	4,271	6,288	8,305	6,288
7	오렌지	브라질	미국	142,316	256,533	370,750	256,533
8	자몽	미국	미국	23,366	23,345	24,324	23,678
9	체리	터키	미국	14,467	18,283	22,099	18,283
10	키위	중국	중국	31,511	28,637	25,763	28,637
11	파인애플	태국	필리핀	77,223	79,100	80,977	79,100
12	포도	이탈리아	칠레	53738	56,406	59074	56,406
13							
14	조건						
15	FALSE						
16							
17							
18	과일명	주요수입국	2017년	2018년	2019년		
19	바나나	필리핀	437,719	366,839	367,959		
20	파인애플	필리핀	77,223	79,100	80,977		
21							

처리조건

▶ "필터" 시트의 [A2:G12]를 아래 조건에 맞게 고급필터를 사용하여 작성하시오.
- '주요수입국'이 "필리핀"이고 '평균'이 20000 이상인 데이터를 '과일명', '주요수입국', '2017년', '2018년', '2019년'의 데이터만 필터링 하시오.
- 조건 위치 : 조건 함수는 [A15] 한 셀에 작성(AND 함수 이용)
- 결과 위치 : [A18]부터 출력

▶ 지시사항이 없는 경우는 ≪ 출력형태 – 필터 ≫와 동일하게 작성하시오.

② 시나리오

출력형태 – 시나리오

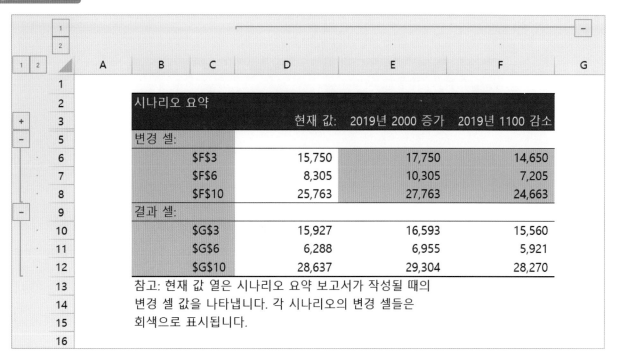

처리조건

▶ "시나리오" 시트의 [A2:G12]를 이용하여 '최대생산국'이 "멕시코", "중국"인 경우, '2019년'이 변동할 때 '평균'이 변동하는 가상분석(시나리오)을 작성하시오.

   – 시나리오1 : 시나리오 이름은 "2019년 2000 증가", '2019년'에 2000을 증가시킨 값 설정.
   – 시나리오2 : 시나리오 이름은 "2019년 1100 감소", '2019년'에 1100을 감소시킨 값 설정.
   – "시나리오 요약" 시트를 작성하시오.

▶ 지시사항이 없는 경우는 ≪ 출력형태 – 시나리오 ≫와 동일하게 작성하시오.

문제 **4** "피벗테이블" 시트를 참조하여 다음《 처리조건 》에 맞도록 작업하시오. 30점

출력형태

	A	B	C	D
1				
2				
3			과일명 ▾	
4	주요수입국 ▾	값	키위	포도
5	중국	평균 : 2017년	31,511	***
6		평균 : 2018년	28,637	***
7		평균 : 2019년	25,763	***
8	칠레	평균 : 2017년	***	53,738
9		평균 : 2018년	***	56,406
10		평균 : 2019년	***	59,074
11	전체 평균 : 2017년		31,511	53,738
12	전체 평균 : 2018년		28,637	56,406
13	전체 평균 : 2019년		25,763	59,074
14				

처리조건

▶ "피벗테이블" 시트의 [A2:G12]를 이용하여 새로운 시트에 ≪ 출력형태 ≫와 같이 피벗테이블을 작성 후 시트명을 "피벗테이블 정답"으로 수정하시오.

▶ 주요수입국(행)과 과일명(열)을 기준으로 하여 출력형태와 같이 구하시오.
  - '2017년', '2018년', '2019년'의 평균을 구하시오.
  - 피벗 테이블 옵션을 이용하여 레이블이 있는 셀 병합 및 가운데 맞춤하고, 빈 셀을 "***"로 표시한 후, 행의 총 합계를 감추기 하시오.
  - 피벗 테이블 디자인에서 보고서 레이아웃은 '테이블 형식으로 표시', 피벗 테이블 스타일은 '피벗 스타일 어둡게 7'로 표시하시오.
  - 주요수입국(행)은 "중국", "칠레"만 출력되도록 표시하시오.
  - [C5:D13] 데이터는 셀 서식의 표시형식-숫자를 이용하여 1000단위 구분 기호를 표시하고, 오른쪽 맞춤하시오.

▶ 주요수입국의 순서는 ≪ 출력형태 ≫와 다를 수 있음

▶ 지시사항이 없는 경우는 ≪ 출력형태 ≫와 동일하게 작성하시오.

문제 5 **"차트" 시트를 참조하여 다음《 처리조건 》에 맞도록 작업하시오.**   30점

출력형태

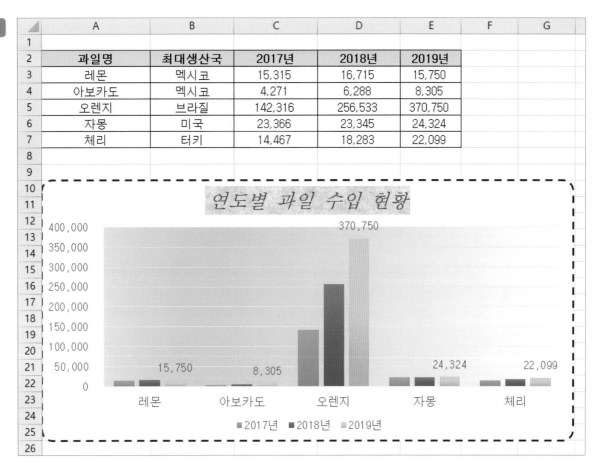

	A	B	C	D	E	F	G
2	과일명	최대생산국	2017년	2018년	2019년		
3	레몬	멕시코	15,315	16,715	15,750		
4	아보카도	멕시코	4,271	6,288	8,305		
5	오렌지	브라질	142,316	256,533	370,750		
6	자몽	미국	23,366	23,345	24,324		
7	체리	터키	14,467	18,283	22,099		

처리조건

▶ "차트" 시트에 주어진 표를 이용하여 '묶은 세로 막대형' 차트를 작성하시오.
   – 데이터 범위 : 현재 시트 [A2:A7], [C2:E7]의 데이터를 이용하여 작성하고, 행/열 전환은 '열'로 지정
   – 차트 제목("연도별 과일 수입 현황")
   – 범례 위치 : 아래쪽
   – 차트 스타일 : 색 변경(색상형 – 색 4, 스타일 6)
   – 차트 위치 : 현재 시트에 [A10:G25] 크기에 정확하게 맞추시오.
   – 차트 영역 서식 : 글꼴(돋움체, 11pt), 테두리 색(실선, 색 : 진한 파랑),
                      테두리 스타일(너비 : 2pt, 겹선 종류 : 단순형, 대시 종류 : 파선, 둥근 모서리)
   – 차트 제목 서식 : 글꼴(바탕체, 18pt, 기울임꼴), 채우기(그림 또는 질감 채우기, 질감 : 꽃다발)
   – 그림 영역 서식 : 채우기(그라데이션 채우기, 그라데이션 미리 설정 : 밝은 그라데이션 – 강조 6, 종류 : 선형,
                      방향 : 선형 왼쪽)
– 데이터 레이블 추가 : '2019년'의 계열에 "값" 표시

▶ 지시사항이 없는 경우는 ≪ 출력형태 ≫와 동일하게 작성하시오.

제03회 실전모의고사

MS Office 2016 버전용

- 시험과목 : 스프레드시트(엑셀)
- 시험일자 : 20XX. XX. XX(X)
- 응시자 기재사항 및 감독위원 확인

수 검 번 호	DIS – XXXX –	감독위원 확인
성 명		

식별CODE

Korea Association for ICT promotion
한국정보통신진흥협회 **KAIT**

문제 1 "투표 현황" 시트를 참조하여 다음 《 처리조건 》에 맞도록 작업하시오. 　50점

출력형태

전국 트로트 오디션 투표 현황

참가번호	성명	구분	참가지역	ARS 투표	현장 투표	최종 합계	순위	비고
24931-D	조서연	일반부문	서울	232,402	125,023	357,425	9위	
12452-S	김동근	청소년부문	인천	532,690	98,392	631,082	4위	온라인 우세
18462-S	조수홍	청소년부문	인천	171,217	1,033,823	1,205,040	1위	
28113-T	정한호	대학생부문	부산	359,023	207,832	566,855	5위	온라인 우세
11234-D	박준연	일반부문	진주	68,203	86,219	154,422	10위	
24210-T	박춘열	일반부문	서울	296,002	204,762	500,764	6위	
14339-S	정일호	청소년부문	진주	624,500	96,574	721,074	3위	온라인 우세
13972-D	김감호	대학생부문	서울	283,912	103,763	387,675	8위	
22597-T	이민지	일반부문	부산	89,504	306,732	396,236	7위	
13201-S	김민서	대학생부문	부산	230,972	597,363	828,335	2위	
'참가지역'의 "서울"인 'ARS 투표'의 평균					270,772			
'현장 투표'의 최대값-최소값의 차이					947,604			
'ARS 투표' 중 두 번째로 작은 값					89,504			

처리조건

▶ 1행의 행 높이를 '80'으로 설정하고, 2행~15행의 행 높이를 '18'로 설정하시오.

▶ 제목("전국 트로트 오디션 투표 현황") : 사각형의 '양쪽 모서리가 둥근 사각형'을 이용하여 입력하시오.
  – 도형 : 위치([B1:H1]), 도형 스타일(테마 스타일 – 미세 효과 – '황금색, 강조 4')
  – 글꼴 : 굴림, 28pt, 밑줄
  – 도형 서식 : 도형 옵션 – 크기 및 속성(텍스트 상자(세로 맞춤 : 정가운데, 텍스트 방향 : 가로))

▶ 셀 서식을 아래 조건에 맞게 작성하시오.
  – [A2:I15] : 테두리(안쪽, 윤곽선 모두 실선, '검정, 텍스트 1'), 전체 가운데 맞춤
  – [A13:D13], [A14:D14], [A15:D15] : 각각 병합하고 가운데 맞춤
  – [A2:I2], [A13:D15] : 채우기 색('녹색, 강조 6, 60% 더 밝게'), 글꼴(굵게)
  – [H3:H12] : 셀 서식의 표시형식–사용자 지정을 이용하여 #"위"자를 추가
  – [E3:G15] : 셀 서식의 표시형식–숫자를 이용하여 1000단위 구분 기호 표시
  – [C3:C12] : 셀 서식의 표시형식–사용자 지정을 이용하여 @"부문"자를 추가
  – 조건부 서식[A3:I12] : '최종 합계'가 700000 이상인 경우 레코드 전체에 글꼴(진한 빨강, 굵게) 적용
  – 지시사항이 없는 경우는 주어진 문제파일의 서식을 그대로 사용하시오.

▶ ① 순위[H3:H12] : '최종 합계'를 기준으로 큰 순으로 '순위'를 구하시오. **(RANK 함수)**
▶ ② 비고[I3:I12] : 'ARS 투표'가 300000 이상이면 "온라인 우세", 그렇지 않으면 공백으로 구하시오. **(IF 함수)**
▶ ③ 평균[E13:G13] : '참가지역'이 "서울"인 'ARS 투표'의 평균을 구하시오. **(DAVERAGE 함수)**
▶ ④ 최대값-최소값[E14:G14] : '현장 투표'의 최대값-최소값의 차이를 구하시오. **(MAX, MIN 함수)**
▶ ⑤ 두 번째로 작은 값[E15:G15] : 'ARS 투표' 중 두 번째로 작은 값을 구하시오. **(SMALL 함수)**

문제 **2** "부분합" 시트를 참조하여 다음《 처리조건 》에 맞도록 작업하시오.　　　30점

출력형태

	A	B	C	D	E	F	G	H
1								
2	참가번호	성명	구분	참가지역	ARS 투표	현장 투표	최종 합계	
3	12452-S	김동근	청소년	인천	532,690	98,392	631,082	
4	18462-S	조수홍	청소년	인천	171,217	1,033,823	1,205,040	
5	14339-S	정일호	청소년	진주	624,500	96,574	721,074	
6			청소년 최대값			1,033,823	1,205,040	
7			청소년 평균		442,802	409,596		
8	24931-D	조서연	일반	서울	232,402	125,023	357,425	
9	11234-D	박준연	일반	진주	68,203	86,219	154,422	
10	24210-T	박춘열	일반	서울	296,002	204,762	500,764	
11	22597-T	이민지	일반	부산	89,504	306,732	396,236	
12			일반 최대값			306,732	500,764	
13			일반 평균		171,528	180,684		
14	28113-T	정한호	대학생	부산	359,023	207,832	566,855	
15	13972-D	김감호	대학생	서울	283,912	103,763	387,675	
16	13201-S	김민서	대학생	부산	230,972	597,363	828,335	
17			대학생 최대값			597,363	828,335	
18			대학생 평균		291,302	302,986		
19			전체 최대값			1,033,823	1,205,040	
20			전체 평균		288,843	286,048		
21								

처리조건

▶ 데이터를 '구분' 기준으로 내림차순 정렬하시오.

▶ 아래 조건에 맞는 부분합을 작성하시오.
　－ '구분'으로 그룹화 하여 'ARS 투표', '현장 투표'의 평균을 구하는 부분합을 만드시오.
　－ '구분'으로 그룹화 하여 '현장 투표', '최종 합계'의 최대값을 구하는 부분합을 만드시오.
　　(새로운 값으로 대치하지 말 것)
　－ [E3:G20] 영역에 셀 서식의 표시형식－숫자를 이용하여 1000단위 구분 기호를 표시하시오.

▶ E~G열을 선택하여 그룹을 설정하시오.

▶ 평균과 최대값 부분합의 순서는 ≪ 출력형태 ≫와 다를 수 있음

▶ 지시사항이 없는 경우는 기본 값을 적용하시오.

문제 **3** "필터"와 "시나리오" 시트를 참조하여 다음《 처리조건 》에 맞도록 작업하시오.   60점

1 필터

출력형태 - 필터

	A	B	C	D	E	F	G
1							
2	참가번호	성명	구분	참가지역	ARS 투표	현장 투표	최종 합계
3	24931-D	조서연	일반	서울	232,402	125,023	357,425
4	12452-S	김동근	청소년	인천	532,690	98,392	631,082
5	18462-S	조수홍	청소년	인천	171,217	1,033,823	1,205,040
6	28113-T	정한호	대학생	부산	359,023	207,832	566,855
7	11234-D	박준연	일반	진주	68,203	86,219	154,422
8	24210-T	박춘열	일반	서울	296,002	204,762	500,764
9	14339-S	정일호	청소년	진주	624,500	96,574	721,074
10	13972-D	김감호	대학생	서울	283,912	103,763	387,675
11	22597-T	이민지	일반	부산	89,504	306,732	396,236
12	13201-S	김민서	대학생	부산	230,972	597,363	828,335
13							
14	조건						
15	FALSE						
16							
17							
18	성명	ARS 투표	현장 투표	최종 합계			
19	조수홍	171,217	1,033,823	1,205,040			
20	정한호	359,023	207,832	566,855			
21	정일호	624,500	96,574	721,074			
22	김감호	283,912	103,763	387,675			
23	김민서	230,972	597,363	828,335			
24							

처리조건

▶ "필터" 시트의 [A2:G12]를 아래 조건에 맞게 고급필터를 사용하여 작성하시오.
   – '구분'이 "대학생"이거나 '최종 합계'가 700000 이상인 데이터를 '성명', 'ARS 투표', '현장 투표', '최종 합계'의
     데이터만 필터링 하시오.
   – 조건 위치 : 조건 함수는 [A15] 한 셀에 작성(OR 함수 이용)
   – 결과 위치 : [A18]부터 출력

▶ 지시사항이 없는 경우는 ≪ 출력형태 - 필터 ≫와 동일하게 작성하시오.

② 시나리오

출력형태 – 시나리오

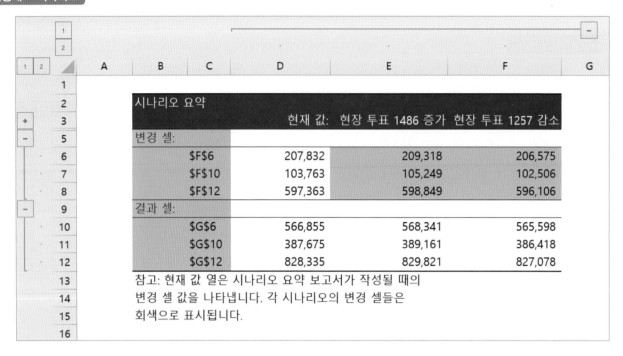

처리조건

▶ "시나리오" 시트의 [A2:G12]를 이용하여 '구분'이 "대학생"인 경우, '현장 투표'가 변동할 때 '최종 합계'가 변동하는 가상분석(시나리오)을 작성하시오.

   – 시나리오1 : 시나리오 이름은 "현장 투표 1486 증가", '현장 투표'에 1486을 증가시킨 값 설정.
   – 시나리오2 : 시나리오 이름은 "현장 투표 1257 감소", '현장 투표'에 1257을 감소시킨 값 설정.
   – "시나리오 요약" 시트를 작성하시오.

▶ 지시사항이 없는 경우는 ≪ 출력형태 – 시나리오 ≫와 동일하게 작성하시오.

문제 4 **"피벗테이블"** 시트를 참조하여 다음 《 처리조건 》에 맞도록 작업하시오. 30점

출력형태

	A	B	C	D	E
1					
2					
3			참가지역 🔽		
4	구분 🔽	값	부산	서울	진주
5	대학생	평균 : ARS 투표	294,998	283,912	**
6		평균 : 현장 투표	402,598	103,763	**
7	일반	평균 : ARS 투표	89,504	264,202	68,203
8		평균 : 현장 투표	306,732	164,893	86,219
9	청소년	평균 : ARS 투표	**	**	624,500
10		평균 : 현장 투표	**	**	96,574
11	전체 평균 : ARS 투표		226,500	270,772	346,352
12	전체 평균 : 현장 투표		370,642	144,516	91,397
13					

처리조건

▶ "피벗테이블" 시트의 [A2:G12]를 이용하여 새로운 시트에 《 출력형태 》와 같이 피벗테이블을 작성 후 시트명을 "피벗테이블 정답"으로 수정하시오.

▶ 구분(행)과 참가지역(열)을 기준으로 하여 출력형태와 같이 구하시오.
  - 'ARS 투표', '현장 투표'의 평균을 구하시오.
  - 피벗 테이블 옵션을 이용하여 레이블이 있는 셀 병합 및 가운데 맞춤하고 빈 셀을 "**"로 표시한 후, 행의 총합계를 감추기 하시오.
  - 피벗 테이블 디자인에서 보고서 레이아웃은 '테이블 형식으로 표시', 피벗 테이블 스타일은 '피벗 스타일 보통 12'로 표시하시오.
  - 참가지역(열)은 "부산", "서울", "진주"만 출력되도록 표시하시오.
  - [C5:E12] 데이터는 셀 서식의 표시형식-숫자를 이용하여 1000단위 구분 기호를 표시하고, 가운데 맞춤하시오.

▶ 구분의 순서는 《 출력형태 》와 다를 수 있음

▶ 지시사항이 없는 경우는 《 출력형태 》와 동일하게 작성하시오.

문제 5 "차트" 시트를 참조하여 다음 《 처리조건 》에 맞도록 작업하시오.　　30점

출력형태

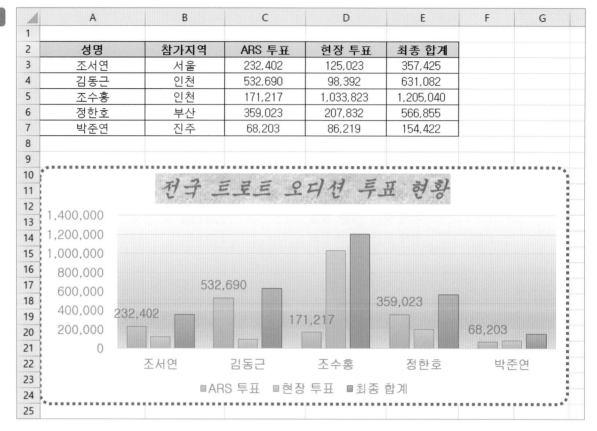

	A	B	C	D	E	F	G
1							
2	성명	참가지역	ARS 투표	현장 투표	최종 합계		
3	조서연	서울	232,402	125,023	357,425		
4	김동근	인천	532,690	98,392	631,082		
5	조수홍	인천	171,217	1,033,823	1,205,040		
6	정한호	부산	359,023	207,832	566,855		
7	박준연	진주	68,203	86,219	154,422		

처리조건

▶ "차트" 시트에 주어진 표를 이용하여 '묶은 세로 막대형' 차트를 작성하시오.
　– 데이터 범위 : 현재 시트 [A2:A7], [C2:E7]의 데이터를 이용하여 작성하고, 행/열 전환은 '열'로 지정
　– 차트 제목("전국 트로트 오디션 투표 현황")
　– 범례 위치 : 아래쪽
　– 차트 스타일 : 색 변경(색상형 – 색 2, 스타일 5)
　– 차트 위치 : 현재 시트에 [A10:G24] 크기에 정확하게 맞추시오.
　– 차트 영역 서식 : 글꼴(굴림, 12pt), 테두리 색(실선, 색 : 파랑),
　　　　　　　　　　테두리 스타일(너비 : 2.75pt, 겹선 종류 : 단순형, 대시 종류 : 둥근 점선, 둥근 모서리)
　– 차트 제목 서식 : 글꼴(궁서체, 20pt, 기울임꼴), 채우기(그림 또는 질감 채우기, 질감 : 편지지)
　– 그림 영역 서식 : 채우기(그라데이션 채우기, 그라데이션 미리 설정 : 밝은 그라데이션 – 강조 2, 종류 : 선형,
　　　　　　　　　　방향 : 선형 아래쪽)
　– 데이터 레이블 추가 : 'ARS 투표' 계열에 "값" 표시

▶ 지시사항이 없는 경우는 ≪ 출력형태 ≫와 동일하게 작성하시오.

제04회 실전모의고사

MS Office 2016 버전용

- ● 시험과목 : 스프레드시트(엑셀)
- ● 시험일자 : 20XX. XX. XX(X)
- ● 응시자 기재사항 및 감독위원 확인

수 검 번 호	DIS - XXXX -	감독위원 확인
성 명		

응시자 유의사항

1. 응시자는 신분증을 지참하여야 시험에 응시할 수 있으며, 시험이 종료될 때까지 신분증을 제시하지 못 할 경우 해당 시험은 0점 처리됩니다.

2. 시스템(PC작동여부, 네트워크 상태 등)의 이상여부를 반드시 확인하여야 하며, 시스템 이상이 있을시 감독위원에게 조치를 받으셔야 합니다.

3. 시험 중 부주의 또는 고의로 시스템을 파손한 경우는 응시자 부담으로 합니다.

4. 답안 전송 프로그램을 통해 다운로드 받은 파일을 이용하여 답안파일을 작성하시기 바랍니다.

5. 작성한 답안 파일은 답안 전송 프로그램을 통하여 전송됩니다. 감독위원의 지시에 따라 주시기 바랍니다.

6. 다음사항의 경우 실격(0점) 혹은 부정행위 처리됩니다.

   1) 답안파일을 저장하지 않았거나, 저장한 파일이 손상되었을 경우

   2) 답안파일을 지정된 폴더(바탕화면 – "KAIT" 폴더)에 저장하지 않았을 경우

      ※ 답안 전송 프로그램 로그인 시 바탕화면에 자동 생성됨

   3) 답안파일을 다른 보조 기억장치(USB) 혹은 네트워크(메신저, 게시판 등)로 전송할 경우

   4) 휴대용 전화기 등 통신기기를 사용할 경우

7. 시험지에 제시된 글꼴이 응시 프로그램에 없는 경우, 반드시 감독위원에게 해당 내용을 통보한 뒤 조치를 받아야 합니다.

8. 시험의 완료는 작성이 완료된 답안을 저장하고, 답안 전송이 완료된 상태를 확인한 것으로 합니다. 답안 전송 확인 후 문제지는 감독위원에게 제출한 후 퇴실하여야 합니다.

9. 답안전송이 완료된 경우에는 수정 또는 정정이 불가능합니다.

10. 시험시행 후 합격자 발표는 홈페이지(www.ihd.or.kr)에서 확인하시기 바랍니다.

    1) 문제 및 모범답안 공개 : 20XX. XX. XX(X)

    2) 합격자 발표 : 20XX. XX. XX(X)

식별CODE

한국정보통신진흥협회 KAIT
Korea Association for ICT promotion

문제 1 **"합격자 현황" 시트를 참조하여 다음《 처리조건 》에 맞도록 작업하시오.**　　50점

출력형태

	A	B	C	D	E	F	G	H	I
1			학과별 합격자 현황						
2	학과명	수험번호	출신고교	지원자	내신점수	면접점수	최종점수	순위	비고
3	멀티미디어과	A-001	서울정보고	정지원님	74	70	144	5위	
4	전자공학과	A-875	대전정보고	박봉기님	92	90	182	2위	1차 합격
5	전자공학과	C-205	경남과학고	김하늘님	40	45	85	9위	
6	전기과	B-201	명신고	박성훈님	89	56	145	4위	1차 합격
7	멀티미디어과	C-387	경남과학고	임진하님	63	73	136	6위	
8	전기과	C-109	서울정보고	양일동님	70	80	150	3위	
9	호텔조리제빵과	A-234	대전정보고	사랑해님	24	25	49	10위	
10	전기과	B-174	대전정보고	박재출님	42	62	104	7위	
11	호텔조리제빵과	A-591	경남과학고	서희종님	99	100	199	1위	1차 합격
12	멀티미디어과	B-703	명신고	김갑두님	56	35	91	8위	
13	'출신고교'가 "서울정보고"인 '면접점수'의 평균					75점			
14	'최종점수'의 최대값-최소값 차이					150점			
15	'내신점수' 중 세 번째로 큰 값					89점			
16									

처리조건

▶ 1행의 행 높이를 '80'으로 설정하고, 2행~15행의 행 높이를 '18'로 설정하시오.
▶ 제목("학과별 합격자 현황") : 기본 도형의 '사다리꼴'을 이용하여 입력하시오.
　– 도형 : 위치([B1:H1]), 도형 스타일(테마 스타일 – 강한 효과 – '파랑, 강조 1')
　– 글꼴 : 굴림체, 30pt, 굵게
　– 도형 서식 : 도형 옵션 – 크기 및 속성(텍스트 상자(세로 맞춤 : 정가운데, 텍스트 방향 : 가로))

▶ 셀 서식을 아래 조건에 맞게 작성하시오.
　– [A2:I15] : 테두리(안쪽, 윤곽선 모두 실선, '검정, 텍스트 1'), 전체 가운데 맞춤
　– [A13:D13], [A14:D14], [A15:D15] : 각각 병합하고 가운데 맞춤
　– [A2:I2], [A13:D15] : 채우기 색('파랑, 강조 1, 60% 더 밝게'), 글꼴(굵게)
　– [D3:D12] : 셀 서식의 표시형식–사용자 지정을 이용하여 @"님"자를 추가
　– [H3:H12] : 셀 서식의 표시형식–사용자 지정을 이용하여 #"위"자를 추가
　– [E13:G15] : 셀 서식의 표시형식–사용자 지정을 이용하여 #"점"자를 추가
　– 조건부 서식[A3:I12] : '면접점수'가 90 이상인 경우 레코드 전체에 글꼴(파랑, 굵게) 적용
　– 지시사항이 없는 경우는 주어진 문제파일의 서식을 그대로 사용하시오.

▶ ① 순위[H3:H12] : '최종점수'를 기준으로 큰 순으로 '순위'를 구하시오. **(RANK 함수)**
▶ ② 비고[I3:I12] : '내신점수'가 80 이상이면 "1차 합격", 그렇지 않으면 공백을 구하시오. **(IF 함수)**
▶ ③ 평균[E13:G13] : '출신고교'가 "서울정보고"인 '면접점수'의 평균을 구하시오. **(DAVERAGE 함수)**
▶ ④ 최대값-최소값[E14:G14] : '최종점수'의 최대값과 최소값의 차이를 구하시오. **(MAX, MIN 함수)**
▶ ⑤ 세 번째로 큰 값[E15:G15] : '내신점수' 중 세 번째로 큰 값을 구하시오. **(LARGE 함수)**

문제 2 "부분합" 시트를 참조하여 다음《 처리조건 》에 맞도록 작업하시오.   30점

출력형태

	A	B	C	D	E	F	G	H
1								
2	학과명	수험번호	출신고교	지원자	내신점수	면접점수	최종점수	
3	전자공학과	C-205	경남과학고	김하늘	40점	45점	85점	
4	멀티미디어과	C-387	경남과학고	임진하	63점	73점	136점	
5	호텔조리제빵과	A-591	경남과학고	서희종	99점	100점	199점	
6			경남과학고 최대값			100점	199점	
7			경남과학고 평균		67점	73점		
8	전자공학과	A-875	대전정보고	박봉기	92점	90점	182점	
9	호텔조리제빵과	A-234	대전정보고	사랑해	24점	25점	49점	
10	전기과	B-174	대전정보고	박재출	42점	62점	104점	
11			대전정보고 최대값			90점	182점	
12			대전정보고 평균		53점	59점		
13	전기과	B-201	명신고	박성훈	89점	56점	145점	
14	멀티미디어과	B-703	명신고	김갑두	56점	35점	91점	
15			명신고 최대값			56점	145점	
16			명신고 평균		73점	46점		
17	멀티미디어과	A-001	서울정보고	정지원	74점	70점	144점	
18	전기과	C-109	서울정보고	양일동	70점	80점	150점	
19			서울정보고 최대값			80점	150점	
20			서울정보고 평균		72점	75점		
21			전체 최대값			100점	199점	
22			전체 평균		65점	64점		

처리조건

▶ 데이터를 '출신고교' 기준으로 오름차순 정렬하시오.

▶ 아래 조건에 맞는 부분합을 작성하시오.
  – '출신고교'로 그룹화 하여 '내신점수', '면접점수'의 평균을 구하는 부분합을 만드시오.
  – '출신고교'로 그룹화 하여 '면접점수', 최종점수'의 최대값을 구하는 부분합을 만드시오.
   (새로운 값으로 대치하지 말 것)
  – [E3:G22] 영역에 셀 서식의 표시형식–사용자 지정을 이용하여 #"점"자를 추가하시오.

▶ E~G열을 선택하여 그룹을 설정하시오.

▶ 평균과 최대값 부분합의 순서는 ≪ 출력형태 ≫와 다를 수 있음

▶ 지시사항이 없는 경우는 기본 값을 적용하시오.

문 제 **3** "필터"와 "시나리오" 시트를 참조하여 다음《 처리조건 》에 맞도록 작업하시오.   60점

1 필터

출력형태 – 필터

	A	B	C	D	E	F	G
1							
2	학과명	수험번호	출신고교	지원자	내신점수	면접점수	최종점수
3	멀티미디어과	A-001	서울정보고	정지원	74	70	144
4	전자공학과	A-875	대전정보고	박봉기	92	90	182
5	전자공학과	C-205	경남과학고	김하늘	40	45	85
6	전기과	B-201	명신고	박성훈	89	56	145
7	멀티미디어과	C-387	경남과학고	임진하	63	73	136
8	전기과	C-109	서울정보고	양일동	70	80	150
9	호텔조리제빵과	A-234	대전정보고	사랑해	24	25	49
10	전기과	B-174	대전정보고	박재출	42	62	104
11	호텔조리제빵과	A-591	경남과학고	서희종	99	100	199
12	멀티미디어과	B-703	명신고	김갑두	56	35	91
13							
14	조건						
15	FALSE						
16							
17							
18	학과명	출신고교	지원자	최종점수			
19	전자공학과	대전정보고	박봉기	182			
20	전기과	명신고	박성훈	145			
21	전기과	서울정보고	양일동	150			
22	전기과	대전정보고	박재출	104			
23	호텔조리제빵과	경남과학고	서희종	199			
24							

처리조건

▶ "필터" 시트의 [A2:G12]를 아래 조건에 맞게 고급필터를 사용하여 작성하시오.
 – '학과명'이 "전기과"이거나 '최종점수'가 150 이상인 데이터를 '학과명', '출신고교', '지원자', '최종점수'의 데이터만 필터링 하시오.
 – 조건 위치 : 조건 함수는 [A15] 한 셀에 작성(OR 함수 이용)
 – 결과 위치 : [A18]부터 출력

▶ 지시사항이 없는 경우는 ≪ 출력형태 – 필터 ≫와 동일하게 작성하시오.

2 시나리오

출력형태 – 시나리오

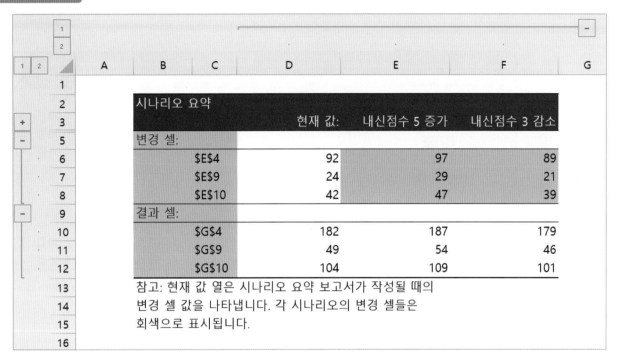

처리조건

▶ "시나리오" 시트의 [A2:G12]를 이용하여 '출신고교'가 "대전정보고"인 경우, '내신점수'가 변동할 때 '최종점수'가 변동하는 가상분석(시나리오)을 작성하시오.

- 시나리오1 : 시나리오 이름은 "내신점수 5 증가", '내신점수'에 5를 증가시킨 값 설정.
- 시나리오2 : 시나리오 이름은 "내신점수 3 감소", '내신점수'에 3을 감소시킨 값 설정.
- "시나리오 요약" 시트를 작성하시오.

▶ 지시사항이 없는 경우는 ≪ 출력형태 – 시나리오 ≫와 동일하게 작성하시오.

문제 4 "피벗테이블" 시트를 참조하여 다음《 처리조건 》에 맞도록 작업하시오. 30점

출력형태

	A	B	C	D	E
1					
2					
3			출신고교 ⊿		
4	학과명 ⊽	값	경남과학고	대전정보고	서울정보고
5	멀티미디어과	평균 : 내신점수	63.00점	*	74.00점
6		평균 : 면접점수	73.00점	*	70.00점
7	전기과	평균 : 내신점수	*	42.00점	70.00점
8		평균 : 면접점수	*	62.00점	80.00점
9	전자공학과	평균 : 내신점수	40.00점	92.00점	*
10		평균 : 면접점수	45.00점	90.00점	*
11	호텔조리제빵과	평균 : 내신점수	99.00점	24.00점	*
12		평균 : 면접점수	100.00점	25.00점	*
13	전체 평균 : 내신점수		67.33점	52.67점	72.00점
14	전체 평균 : 면접점수		72.67점	59.00점	75.00점
15					

처리조건

▶ "피벗테이블" 시트의 [A2:G12]를 이용하여 새로운 시트에 ≪ 출력형태 ≫와 같이 피벗테이블을 작성 후 시트명을 "피벗테이블 정답"으로 수정하시오.

▶ 학과명(행)과 출신고교(열)를 기준으로 하여 출력형태와 같이 구하시오.
 - '내신점수', '면접점수'의 평균을 구하시오.
 - 피벗 테이블 옵션을 이용하여 레이블이 있는 셀 병합 및 가운데 맞춤하고 빈 셀을 "*"로 표시한 후, 행의 총합계를 감추기 하시오.
 - 피벗 테이블 디자인에서 보고서 레이아웃은 '테이블 형식으로 표시', 피벗 테이블 스타일은 '피벗 스타일 보통 13'으로 표시하시오.
 - 출신고교(열)은 "경남과학고", "대전정보고", "서울정보고"만 출력되도록 표시하시오.
 - [C5:E14] 데이터는 셀 서식의 표시형식-사용자 지정을 이용하여 #.00"점"자를 추가하고 가운데 맞춤하시오.

▶ 학과명의 순서는 ≪ 출력형태 ≫와 다를 수 있음

▶ 지시사항이 없는 경우는 ≪ 출력형태 ≫와 동일하게 작성하시오.

문제 5 "차트" 시트를 참조하여 다음 《 처리조건 》에 맞도록 작업하시오.   30점

출력형태

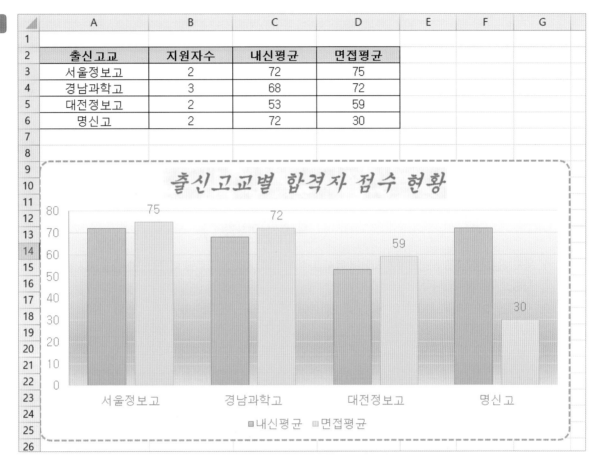

출신고교	지원자수	내신평균	면접평균
서울정보고	2	72	75
경남과학고	3	68	72
대전정보고	2	53	59
명신고	2	72	30

처리조건

▶ "차트" 시트에 주어진 표를 이용하여 '묶은 세로 막대형' 차트를 작성하시오.
   – 데이터 범위 : 현재 시트 [A2:A6], [C2:D6]의 데이터를 이용하여 작성하고, 행/열 전환은 '열'로 지정
   – 차트 제목("출신고교별 합격자 점수 현황")
   – 범례 위치 : 아래쪽
   – 차트 스타일 : 색 변경(색상형 – 색 3, 스타일 5)
   – 차트 위치 : 현재 시트에 [A9:G25] 크기에 정확하게 맞추시오.
   – 차트 영역 서식 : 글꼴(돋움, 11pt), 테두리 색(실선, 색 : 연한 파랑),
                                테두리 스타일(너비 : 2pt, 겹선 종류 : 단순형, 대시 종류 : 사각 점선, 둥근 모서리)
   – 차트 제목 서식 : 글꼴(궁서, 20pt, 기울임꼴), 채우기(그림 또는 질감 채우기, 질감 : 양피지)
   – 그림 영역 서식 : 채우기(그라데이션 채우기, 그라데이션 미리 설정 : 밝은 그라데이션 – 강조 5, 종류 : 선형,
                                방향 : 선형 아래쪽)
   – 데이터 레이블 추가 : '면접평균' 계열에 "값" 표시

▶ 지시사항이 없는 경우는 ≪ 출력형태 ≫와 동일하게 작성하시오.

제05회 실전모의고사

MS Office 2016 버전용

- 시험과목 : 스프레드시트(엑셀)
- 시험일자 : 20XX. XX. XX(X)
- 응시자 기재사항 및 감독위원 확인

A

수 검 번 호	DIS - XXXX -	감독위원 확인
성 명		

응시자 유의사항

1. 응시자는 신분증을 지참하여야 시험에 응시할 수 있으며, 시험이 종료될 때까지 신분증을 제시하지 못 할 경우 해당 시험은 0점 처리됩니다.

2. 시스템(PC작동여부, 네트워크 상태 등)의 이상여부를 반드시 확인하여야 하며, 시스템 이상이 있을시 감독위원에게 조치를 받으셔야 합니다.

3. 시험 중 부주의 또는 고의로 시스템을 파손한 경우는 응시자 부담으로 합니다.

4. 답안 전송 프로그램을 통해 다운로드 받은 파일을 이용하여 답안파일을 작성하시기 바랍니다.

5. 작성한 답안 파일은 답안 전송 프로그램을 통하여 전송됩니다. 감독위원의 지시에 따라 주시기 바랍니다.

6. 다음사항의 경우 실격(0점) 혹은 부정행위 처리됩니다.

   1) 답안파일을 저장하지 않았거나, 저장한 파일이 손상되었을 경우

   2) 답안파일을 지정된 폴더(바탕화면 – "KAIT" 폴더)에 저장하지 않았을 경우

      ※ 답안 전송 프로그램 로그인 시 바탕화면에 자동 생성됨

   3) 답안파일을 다른 보조 기억장치(USB) 혹은 네트워크(메신저, 게시판 등)로 전송할 경우

   4) 휴대용 전화기 등 통신기기를 사용할 경우

7. 시험지에 제시된 글꼴이 응시 프로그램에 없는 경우, 반드시 감독위원에게 해당 내용을 통보한 뒤 조치를 받아야 합니다.

8. 시험의 완료는 작성이 완료된 답안을 저장하고, 답안 전송이 완료된 상태를 확인한 것으로 합니다. 답안 전송 확인 후 문제지는 감독위원에게 제출한 후 퇴실하여야 합니다.

9. 답안전송이 완료된 경우에는 수정 또는 정정이 불가능합니다.

10. 시험시행 후 합격자 발표는 홈페이지(www.ihd.or.kr)에서 확인하시기 바랍니다.

    1) 문제 및 모범답안 공개 : 20XX. XX. XX(X)

    2) 합격자 발표 : 20XX. XX. XX(X)

식별CODE

Korea Association for ICT promotion
한국정보통신진흥협회 **KAIT**

문제 1 "입출고 현황" 시트를 참조하여 다음 《 처리조건 》에 맞도록 작업하시오. 50점

출력형태

품목명	품목코드	입고가	출고가	출고량	거래금액	이익금	순위	평가
마우스	MA-312	6450	9450	39	368,550	117,000	7등	판매 우수
마우스	MA-227	8500	11500	23	264,500	69,000	9등	
마우스	MA-120	6200	9200	24	220,800	72,000	8등	
키보드	KS-942	12000	17000	41	697,000	205,000	6등	판매 우수
스캐너	SC-342	435000	485000	12	5,820,000	600,000	2등	
스캐너	SC-215	675000	705000	9	6,345,000	270,000	5등	
프린터	PK-439	175000	230000	7	1,610,000	385,000	4등	
프린터	PK-331	234000	284000	27	7,668,000	1,350,000	1등	
키보드	KS-823	18000	21000	22	462,000	66,000	10등	
스캐너	SC-392	564000	614000	11	6,754,000	550,000	3등	
'품목명'이 "마우스"인 '이익금'의 평균				86,000원				
'출고량'의 최대값-최소값 차이				34				
'거래금액' 중 두 번째로 큰 값				6,754,000원				

제목 위쪽: **품목별 입출고 현황**

처리조건

▶ 1행의 행 높이를 '80'으로 설정하고, 2행~15행의 행 높이를 '18'로 설정하시오.

▶ 제목("품목별 입출고 현황") : 순서도의 '순서도: 카드'를 이용하여 입력하시오.
  – 도형 : 위치([B1:H1]), 도형 스타일(테마 스타일 – 보통 효과 – '황금색, 강조 4')
  – 글꼴 : 궁서체, 30pt, 밑줄
  – 도형 서식 : 도형 옵션 – 크기 및 속성(텍스트 상자(세로 맞춤 : 정가운데, 텍스트 방향 : 가로))

▶ 셀 서식을 아래 조건에 맞게 작성하시오.
  – [A2:I15] : 테두리(안쪽, 윤곽선 모두 실선, '검정, 텍스트 1'), 전체 가운데 맞춤
  – [A13:D13], [A14:D14], [A15:D15] : 각각 병합하고 가운데 맞춤
  – [A2:I2], [A13:D15] : 채우기 색('황금색, 강조 4, 60% 더 밝게'), 글꼴(굵게)
  – [H3:H12] : 셀 서식의 표시형식–사용자 지정을 이용하여 #"등"자를 추가
  – [F3:G12] : 셀 서식의 표시형식–숫자를 이용하여 1000단위 구분 기호 표시
  – [E13:G13], [E15:G15] : 셀 서식의 표시형식–사용자 지정을 이용하여 #,##0"원"자를 추가
  – 조건부 서식[A3:I12] : '이익금'이 500000 이상인 경우 레코드 전체에 글꼴(자주, 굵은 기울임꼴) 적용
  – 지시사항이 없는 경우는 주어진 문제파일의 서식을 그대로 사용하시오.

▶ ① 순위[H3:H12] : '이익금'을 기준으로 큰 순으로 '순위'를 구하시오. **(RANK 함수)**
▶ ② 비고[I3:I12] : '출고량'이 30 이상이면 "판매 우수", 그렇지 않으면 공백으로 구하시오. **(IF 함수)**
▶ ③ 평균[E13:G13] : '품목명'이 "마우스"인 '이익금'의 평균을 구하시오. **(DAVERAGE 함수)**
▶ ④ 최대값–최소값[E14:G14] : '출고량'의 최대값과 최소값의 차이를 구하시오. **(MAX, MIN 함수)**
▶ ⑤ 두 번째로 큰 값[E15:G15] : '거래금액' 중 두 번째로 큰 값을 구하시오. **(LARGE 함수)**

문 제 **2** "부분합" 시트를 참조하여 다음 《 처리조건 》에 맞도록 작업하시오.   30점

출력형태

	품목명	품목코드	입고가	출고가	출고량	거래금액	이익금
2	품목명	품목코드	입고가	출고가	출고량	거래금액	이익금
3	마우스	MA-312	6,450	9,450	39	368,550	117,000
4	마우스	MA-227	8,500	11,500	23	264,500	69,000
5	마우스	MA-120	6,200	9,200	24	220,800	72,000
6	마우스 요약		21,150	30,150			
7	마우스 최대값					368,550	117,000
8	스캐너	SC-342	435,000	485,000	12	5,820,000	600,000
9	스캐너	SC-215	675,000	705,000	9	6,345,000	270,000
10	스캐너	SC-392	564,000	614,000	11	6,754,000	550,000
11	스캐너 요약		1,674,000	1,804,000			
12	스캐너 최대값					6,754,000	600,000
13	키보드	KS-942	12,000	17,000	41	697,000	205,000
14	키보드	KS-823	18,000	21,000	22	462,000	66,000
15	키보드 요약		30,000	38,000			
16	키보드 최대값					697,000	205,000
17	프린터	PK-439	175,000	230,000	7	1,610,000	385,000
18	프린터	PK-331	234,000	284,000	27	7,668,000	1,350,000
19	프린터 요약		409,000	514,000			
20	프린터 최대값					7,668,000	1,350,000
21	총합계		2,134,150	2,386,150			
22	전체 최대값					7,668,000	1,350,000

처리조건

▶ 데이터를 '품목명' 기준으로 오름차순 정렬하시오.

▶ 아래 조건에 맞는 부분합을 작성하시오.
   – '품목명'으로 그룹화 하여 '거래금액', '이익금'의 최대값을 구하는 부분합을 만드시오.
   – '품목명'으로 그룹화 하여 '입고가', '출고가'의 합계(요약)를 구하는 부분합을 만드시오.
     (새로운 값으로 대치하지 말 것)
   – [C3:G22] 영역에 셀 서식의 표시형식–숫자를 이용하여 1000단위 구분 기호를 표시하시오.

▶ F~G열을 선택하여 그룹을 설정하시오.

▶ 최대값과 합계(요약) 부분합의 순서는 《 출력형태 》와 다를 수 있음

▶ 지시사항이 없는 경우는 기본 값을 적용하시오.

문제 **3**   "필터"와 "시나리오" 시트를 참조하여 다음《 처리조건 》에 맞도록 작업하시오.   60점

1 필터

출력형태 – 필터

	A	B	C	D	E	F	G
1							
2	품목명	품목코드	입고가	출고가	출고량	거래금액	이익금
3	마우스	MA-312	6,450	9,450	39	368,550	117,000
4	마우스	MA-227	8,500	11,500	23	264,500	69,000
5	마우스	MA-120	6,200	9,200	24	220,800	72,000
6	키보드	KS-942	12,000	17,000	41	697,000	205,000
7	스캐너	SC-342	435,000	485,000	12	5,820,000	600,000
8	스캐너	SC-215	675,000	705,000	9	6,345,000	270,000
9	프린터	PK-439	175,000	230,000	7	1,610,000	385,000
10	프린터	PK-331	234,000	284,000	27	7,668,000	1,350,000
11	키보드	KS-823	18,000	21,000	22	462,000	66,000
12	스캐너	SC-392	564,000	614,000	11	6,754,000	550,000
13							
14	조건						
15	TRUE						
16							
17							
18	품목코드	입고가	출고량	거래금액			
19	MA-312	6,450	39	368,550			
20	KS-942	12,000	41	697,000			
21	PK-331	234,000	27	7,668,000			
22	KS-823	18,000	22	462,000			
23							

처리조건

▶ "필터" 시트의 [A2:G12]를 아래 조건에 맞게 고급필터를 사용하여 작성하시오.
- '품목명'이 "키보드"이거나 '출고량'이 25 이상인 데이터를 '품목코드', '입고가', '출고량', '거래금액'의 데이터만 필터링 하시오.
- 조건 위치 : 조건 함수는 [A15] 한 셀에 작성(OR 함수 이용)
- 결과 위치 : [A18]부터 출력

▶ 지시사항이 없는 경우는 ≪ 출력형태 – 필터 ≫와 동일하게 작성하시오.

② 시나리오

出력형태 – 시나리오

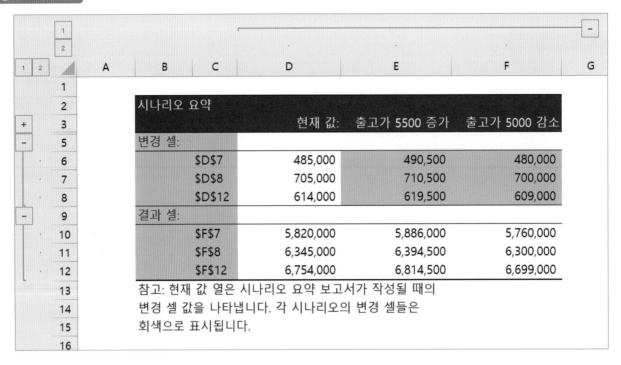

처리조건

▶ "시나리오" 시트의 [A2:G12]를 이용하여 '품목명'이 "스캐너"인 경우, '출고가'가 변동할 때 '거래금액'이 변동하는 가상분석(시나리오)을 작성하시오.

- 시나리오1 : 시나리오 이름은 "출고가 5500 증가", '출고가'에 5500을 증가시킨 값 설정.
- 시나리오2 : 시나리오 이름은 "출고가 5000 감소", '출고가'에 5000을 감소시킨 값 설정.
- "시나리오 요약" 시트를 작성하시오.

▶ 지시사항이 없는 경우는 ≪ 출력형태 – 시나리오 ≫와 동일하게 작성하시오.

문제 4 "피벗테이블" 시트를 참조하여 다음《 처리조건 》에 맞도록 작업하시오. 30점

출력형태

	A	B	C	D	E	F
1						
2						
3			품목명 ▾			
4	품목코드 ▾	값	마우스	스캐너	키보드	프린터
5	KS-823	최대값 : 입고가	*	*	18,000	*
6		최대값 : 출고가	*	*	21,000	*
7	MA-120	최대값 : 입고가	6,200	*	*	*
8		최대값 : 출고가	9,200	*	*	*
9	PK-331	최대값 : 입고가	*	*	*	234,000
10		최대값 : 출고가	*	*	*	284,000
11	SC-215	최대값 : 입고가	*	675,000	*	*
12		최대값 : 출고가	*	705,000	*	*
13	전체 최대값 : 입고가		6,200	675,000	18,000	234,000
14	전체 최대값 : 출고가		9,200	705,000	21,000	284,000
15						

처리조건

▶ "피벗테이블" 시트의 [A2:G12]를 이용하여 새로운 시트에 ≪ 출력형태 ≫와 같이 피벗테이블을 작성 후 시트명을 "피벗테이블 정답"으로 수정하시오.

▶ 품목코드(행)와 품목명(열)을 기준으로 하여 출력형태와 같이 구하시오.
  - '입고가', '출고가'의 최대값을 구하시오.
  - 피벗 테이블 옵션을 이용하여 레이블이 있는 셀 병합 및 가운데 맞춤하고 빈 셀을 "*"로 표시한 후, 행의 총합계를 감추기 하시오.
  - 피벗 테이블 디자인에서 보고서 레이아웃은 '테이블 형식으로 표시', 피벗 테이블 스타일은 '피벗 스타일 보통 12'로 표시하시오.
  - 품목코드(행)는 "KS-823", "MA-120", "PK-31", "SC-215"만 출력되도록 표시하시오.
  - [C5:F14] 데이터는 셀 서식의 표시형식-숫자를 이용하여 1000단위 구분 기호를 표시하고, 가운데 맞춤하시오.

▶ 품목코드의 순서는 ≪ 출력형태 ≫와 다를 수 있음

▶ 지시사항이 없는 경우는 ≪ 출력형태 ≫와 동일하게 작성하시오.

문제 **5** "차트" 시트를 참조하여 다음《 처리조건 》에 맞도록 작업하시오. 30점

출력형태

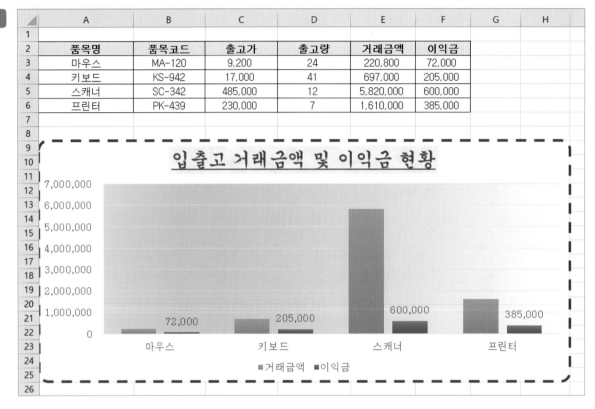

처리조건

▶ "차트" 시트에 주어진 표를 이용하여 '묶은 세로 막대형' 차트를 작성하시오.

　– 데이터 범위 : 현재 시트 [A2:A6], [E2:F6]의 데이터를 이용하여 작성하고, 행/열 전환은 '열'로 지정

　– 차트 제목("입출고 거래금액 및 이익금 현황")

　– 범례 위치 : 아래쪽

　– 차트 스타일 : 색 변경(색상형 – 색 4, 스타일 6)

　– 차트 위치 : 현재 시트에 [A9:H25] 크기에 정확하게 맞추시오.

　– 차트 영역 서식 : 글꼴(바탕, 11pt), 테두리 색(실선, 색 : 자주),

　　　　　　　　　테두리 스타일(너비 : 2.75pt, 겹선 종류 : 단순형, 대시 종류 : 파선, 둥근 모서리)

　– 차트 제목 서식 : 글꼴(궁서, 20pt, 밑줄), 채우기(그림 또는 질감 채우기, 질감 : 양피지)

　– 그림 영역 서식 : 채우기(그라데이션 채우기, 그라데이션 미리 설정 : 밝은 그라데이션 – 강조 6, 종류 : 선형,

　　　　　　　　　방향 : 선형 왼쪽)

　– 데이터 레이블 추가 : '이익금' 계열에 "값" 표시

▶ 지시사항이 없는 경우는 ≪ 출력형태 ≫와 동일하게 작성하시오.

제06회 실전모의고사

MS Office 2016 버전용

- 시험과목 : 스프레드시트(엑셀)
- 시험일자 : 20XX. XX. XX(X)
- 응시자 기재사항 및 감독위원 확인

수 검 번 호	DIS - XXXX -	감독위원 확인
성 명		

식별CODE

한국정보통신진흥협회 KAIT
Korea Association for ICT promotion

문 제 1 "**차입금 현황**" 시트를 참조하여 다음《 처리조건 》에 맞도록 작업하시오.   50점

출력형태

상반기 차입금 현황

기업명	구분	1분기 차입금	1분기 자산	2분기 차입금	2분기 자산	상반기 차입금	순위	비고
대교	법인	100,089	2,148,815	75,460	2,134,500	175,549	4위	적자
포스코컴텍	유한	24,112	587,760	18,164	687,594	42,276	10위	
에코플라스틱	개인	31,516	229,614	21,028	912,101	52,544	8위	
현대그린푸드	개인	100,089	1,550,478	29,933	3,175,207	130,022	2위	적자
삼성SDS	법인	2,669	801,419	18,996	2,321,029	21,665	3위	
빙그레	유한	6,352	1,676,583	12,518	2,112,380	18,870	5위	
S&T중공업	유한	5,210	893,185	24,112	724,500	29,322	9위	
미래산업	개인	48,324	4,575,236	9,143	5,210,000	57,467	1위	
한려산업	법인	13,532	1,178,126	22,182	1,002,100	35,714	6위	
그린물산	법인	14,792	1,184,488	27,198	924,800	41,990	7위	
'2분기 차입금' 중 세 번째로 큰 값				27,198천원				
'상반기 차입금'의 최대값-최소값 차이				156,679천원				
'기업명'이 "대교"인 '2분기 자산'의 평균				2,134,500천원				

처리조건

▶ 1행의 행 높이를 '80'으로 설정하고, 2행~15행의 행 높이를 '18'로 설정하시오.

▶ 제목("상반기 차입금 현황") : 기본 도형의 '빗면'을 이용하여 입력하시오.
    – 도형 : 위치([B1:H1]), 도형 스타일(테마 스타일 – 미세 효과 – '황금색, 강조 4')
    – 글꼴 : 궁서체, 28pt, 기울임꼴
    – 도형 서식 : 도형 옵션 – 크기 및 속성(텍스트 상자(세로 맞춤 : 정가운데, 텍스트 방향 : 가로))

▶ 셀 서식을 아래 조건에 맞게 작성하시오.
    – [A2:I15] : 테두리(안쪽, 윤곽선 모두 실선, '검정, 텍스트 1'), 전체 가운데 맞춤
    – [A13:D13], [A14:D14], [A15:D15] : 각각 병합하고 가운데 맞춤
    – [A2:I2], [A13:D15] : 채우기 색('녹색, 강조 6, 60% 더 밝게'), 글꼴(굵게)
    – [H3:H12] : 셀 서식의 표시형식–사용자 지정을 이용하여 #"위"자를 추가
    – [C3:G12] : 셀 서식의 표시형식–숫자를 이용하여 1000단위 구분 기호 표시
    – [E13:G15] : 셀 서식의 표시형식–사용자 지정을 이용하여 #,##0"천원"자를 추가
    – 조건부 서식[A3:I12] : '상반기 차입금'이 50000 이상인 경우 레코드 전체에 글꼴(파랑, 굵게) 적용
    – 지시사항이 없는 경우는 주어진 문제파일의 서식을 그대로 사용하시오.

▶ ① 순위[H3:H12] : '2분기 자산'을 기준으로 큰 순으로 '순위'를 구하시오. **(RANK 함수)**
▶ ② 비고[I3:I12] : '상반기 차입금'이 100000 이상이면 "적자", 그렇지 않으면 공백을 구하시오. **(IF 함수)**
▶ ③ 세 번째로 큰 값[E13:G13] : '2분기 차입금' 중 세 번째로 큰 값을 구하시오. **(LARGE 함수)**
▶ ④ 최대값-최소값[E14:G14] : '상반기 차입금'의 최대값과 최소값의 차이를 구하시오. **(MAX, MIN 함수)**
▶ ⑤ 평균[E15:G15] : '기업명'이 "대교"인 '2분기 자산'의 평균을 구하시오. **(DAVERAGE 함수)**

문제 2 "부분합" 시트를 참조하여 다음《 처리조건 》에 맞도록 작업하시오.　　　30점

출력형태

기업명	구분	1분기 차입금	1분기 자산	2분기 차입금	2분기 자산	상반기 차입금
에코플락스틱	개인	31,516	229,614	21,028	912,101	52,544
현대그린푸드	개인	100,089	1,550,478	29,933	3,175,207	130,022
미래산업	개인	48,324	4,575,236	9,143	5,210,000	57,467
	개인 평균		2,118,443		3,099,103	
	개인 최대값	100,089		29,933		
대교	법인	100,089	2,148,815	75,460	2,134,500	175,549
삼성SDS	법인	2,669	801,419	18,996	2,321,029	21,665
한려산업	법인	13,532	1,178,126	22,182	1,002,100	35,714
그린물산	법인	14,792	1,184,488	27,198	924,800	41,990
	법인 평균		1,328,212		1,595,607	
	법인 최대값	100,089		75,460		
포스코컴텍	유한	24,112	587,760	18,164	687,594	42,276
빙그레	유한	6,352	1,676,583	12,518	2,112,380	18,870
S&T중공업	유한	5,210	893,185	24,112	724,500	29,322
	유한 평균		1,052,509		1,174,825	
	유한 최대값	24,112		24,112		
	전체 평균		1,482,570		1,920,421	
	전체 최대값	100,089		75,460		

처리조건

▶ 데이터를 '구분' 기준으로 오름차순 정렬하시오.

▶ 아래 조건에 맞는 부분합을 작성하시오.
　- '구분'으로 그룹화 하여 '1분기 차입금', '2분기 차입금'의 최대값을 구하는 부분합을 만드시오.
　- '구분'으로 그룹화 하여 '1분기 자산', '2분기 자산'의 평균을 구하는 부분합을 만드시오.
　　(새로운 값으로 대치하지 말 것)
　- [C3:G20] 영역에 셀 서식의 표시형식-숫자를 이용하여 1000단위 구분 기호를 표시하시오.

▶ C~F열을 선택하여 그룹을 설정하시오.

▶ 최대값과 평균 부분합의 순서는 ≪ 출력형태 ≫와 다를 수 있음

▶ 지시사항이 없는 경우는 기본 값을 적용하시오.

문제 3 "필터"와 "시나리오" 시트를 참조하여 다음《 처리조건 》에 맞도록 작업하시오. 60점

1 필터

출력형태 – 필터

	A	B	C	D	E	F	G
1							
2	기업명	구분	1분기 차입금	1분기 자산	2분기 차입금	2분기 자산	상반기 차입금
3	대교	법인	100,089	2,148,815	75,460	2,134,500	175,549
4	포스코컴텍	유한	24,112	587,760	18,164	687,594	42,276
5	에코플락스틱	개인	31,516	229,614	21,028	912,101	52,544
6	현대그린푸드	개인	100,089	1,550,478	29,933	3,175,207	130,022
7	삼성SDS	법인	2,669	801,419	18,996	2,321,029	21,665
8	빙그레	유한	6,352	1,676,583	12,518	2,112,380	18,870
9	S&T중공업	유한	5,210	893,185	24,112	724,500	29,322
10	미래산업	개인	48,324	4,575,236	9,143	5,210,000	57,467
11	한려산업	법인	13,532	1,178,126	22,182	1,002,100	35,714
12	그린물산	법인	14,792	1,184,488	27,198	924,800	41,990
13							
14	조건						
15	TRUE						
16							
17							
18	기업명	1분기 자산	2분기 자산	상반기 차입금			
19	대교	2,148,815	2,134,500	175,549			
20	현대그린푸드	1,550,478	3,175,207	130,022			
21	삼성SDS	801,419	2,321,029	21,665			
22	한려산업	1,178,126	1,002,100	35,714			
23	그린물산	1,184,488	924,800	41,990			
24							

처리조건

▶ "필터" 시트의 [A2:G12]를 아래 조건에 맞게 고급필터를 사용하여 작성하시오.
　– '구분'이 "법인"이거나 '상반기 차입금'이 100000 이상인 데이터를 '기업명', '1분기 자산', '2분기 자산', '상반기 차입금'의 데이터만 필터링 하시오.
　– 조건 위치 : 조건 함수는 [A15] 한 셀에 작성(OR 함수 이용)
　– 결과 위치 : [A18]부터 출력

▶ 지시사항이 없는 경우는 ≪ 출력형태 – 필터 ≫와 동일하게 작성하시오.

② 시나리오

출력형태 – 시나리오

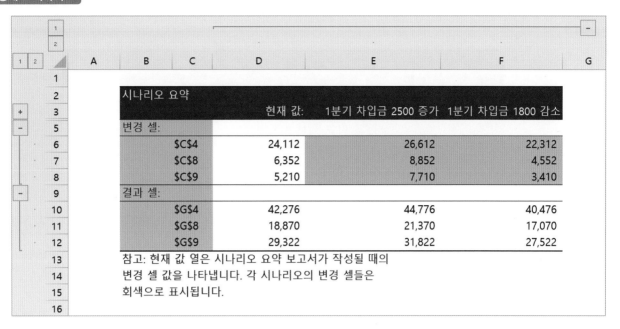

	A	B	C	D	E	F	G
1							
2		시나리오 요약					
3				현재 값:	1분기 차입금 2500 증가	1분기 차입금 1800 감소	
5		변경 셀:					
6			C4	24,112	26,612	22,312	
7			C8	6,352	8,852	4,552	
8			C9	5,210	7,710	3,410	
9		결과 셀:					
10			G4	42,276	44,776	40,476	
11			G8	18,870	21,370	17,070	
12			G9	29,322	31,822	27,522	
13		참고: 현재 값 열은 시나리오 요약 보고서가 작성될 때의					
14		변경 셀 값을 나타냅니다. 각 시나리오의 변경 셀들은					
15		회색으로 표시됩니다.					
16							

처리조건

▶ "시나리오" 시트의 [A2:G12]를 이용하여 '구분'이 "유한"인 경우, '1분기 차입금'이 변동할 때 '상반기 차입금'이 변동하는 가상분석(시나리오)을 작성하시오.

- 시나리오1 : 시나리오 이름은 "1분기 차입금 2500 증가", '1분기 차입금'에 2500을 증가시킨 값 설정.
- 시나리오2 : 시나리오 이름은 "1분기 차입금 1800 감소", '1분기 차입금'에 1800을 감소시킨 값 설정.
- "시나리오 요약" 시트를 작성하시오.

▶ 지시사항이 없는 경우는 ≪ 출력형태 – 시나리오 ≫와 동일하게 작성하시오.

문제 4 **"피벗테이블"** 시트를 참조하여 다음 《 처리조건 》에 맞도록 작업하시오.　　30점

출력형태

	기업명 ⬛	값	구분 ⬛ 법인	유한	총합계
	대교	평균 : 1분기 차입금	100,089	*	100,089
		평균 : 2분기 차입금	75,460	*	75,460
	빙그레	평균 : 1분기 차입금	*	6,352	6,352
		평균 : 2분기 차입금	*	12,518	12,518
	삼성SDS	평균 : 1분기 차입금	2,669	*	2,669
		평균 : 2분기 차입금	18,996	*	18,996
	포스코컴텍	평균 : 1분기 차입금	*	24,112	24,112
		평균 : 2분기 차입금	*	18,164	18,164

처리조건

▶ "피벗테이블" 시트의 [A2:G12]를 이용하여 새로운 시트에 ≪ 출력형태 ≫와 같이 피벗테이블을 작성 후 시트명을 "피벗테이블 정답"으로 수정하시오.

▶ 기업명(행)와 구분(열)을 기준으로 하여 출력형태와 같이 구하시오.
　- '1분기 차입금', '2분기 차입금'의 평균을 구하시오.
　- 피벗 테이블 옵션을 이용하여 레이블이 있는 셀 병합 및 가운데 맞춤하고 빈 셀을 "*"로 표시한 후, 열의 총합계를 감추기 하시오.
　- 피벗 테이블 디자인에서 보고서 레이아웃은 '테이블 형식으로 표시', 피벗 테이블 스타일은 '피벗 스타일 보통 6'로 표시하시오.
　- 기업명(행)은 "대교", "빙그레", "삼성SDS", "포스코컴텍"만 출력되도록 표시하시오.
　- [C5:E12] 데이터는 셀 서식의 표시형식-숫자를 이용하여 1000단위 구분 기호를 표시하고, 가운데 맞춤하시오.

▶ 기업명의 순서는 ≪ 출력형태 ≫와 다를 수 있음

▶ 지시사항이 없는 경우는 ≪ 출력형태 ≫와 동일하게 작성하시오.

문제 5 "차트" 시트를 참조하여 다음《 처리조건 》에 맞도록 작업하시오.   30점

출력형태

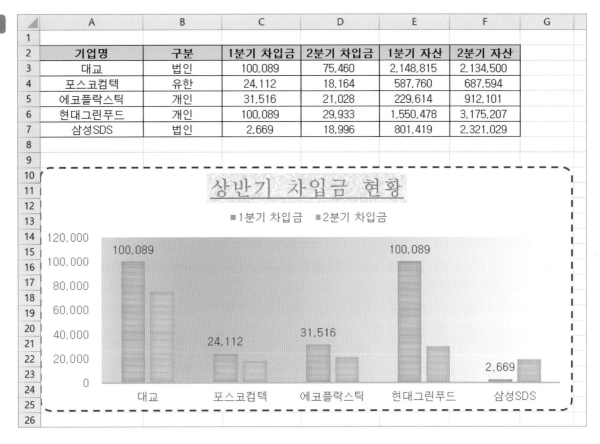

	A	B	C	D	E	F	G
1							
2	기업명	구분	1분기 차입금	2분기 차입금	1분기 자산	2분기 자산	
3	대교	법인	100,089	75,460	2,148,815	2,134,500	
4	포스코컴텍	유한	24,112	18,164	587,760	687,594	
5	에코플락스틱	개인	31,516	21,028	229,614	912,101	
6	현대그린푸드	개인	100,089	29,933	1,550,478	3,175,207	
7	삼성SDS	법인	2,669	18,996	801,419	2,321,029	

처리조건

▶ "차트" 시트에 주어진 표를 이용하여 '묶은 세로 막대형' 차트를 작성하시오.
  – 데이터 범위 : 현재 시트 [A2:A7], [C2:D7]의 데이터를 이용하여 작성하고, 행/열 전환은 '열'로 지정
  – 차트 제목("상반기 차입금 현황")
  – 범례 위치 : 위쪽
  – 차트 스타일 : 색 변경(색상형 – 색 2, 스타일 3)
  – 차트 위치 : 현재 시트에 [A10:G25] 크기에 정확하게 맞추시오.
  – 차트 영역 서식 : 글꼴(돋움, 11pt), 테두리 색(실선, 색 : 자주),
         테두리 스타일(너비 : 2pt, 겹선 종류 : 단순형, 대시 종류 : 파선, 둥근 모서리)
  – 차트 제목 서식 : 글꼴(바탕체, 20pt, 밑줄), 채우기(그림 또는 질감 채우기, 질감 : 파랑 박엽지)
  – 그림 영역 서식 : 채우기(그라데이션 채우기, 그라데이션 미리 설정 : 밝은 그라데이션 – 강조 5, 종류 : 선형,
         방향 : 선형 왼쪽)
  – 데이터 레이블 추가 : '1분기 차입금' 계열에 "값" 표시

▶ 지시사항이 없는 경우는 ≪ 출력형태 ≫와 동일하게 작성하시오.

제07회 실전모의고사

MS Office 2016 버전용

- 시험과목 : 스프레드시트(엑셀)
- 시험일자 : 20XX. XX. XX(X)
- 응시자 기재사항 및 감독위원 확인

수 검 번 호	DIS - XXXX -	감독위원 확인
성 명		

식별CODE

한국정보통신진흥협회 Korea Association for ICT promotion **KAIT**

문제 **1** "박스오피스" 시트를 참조하여 다음《 처리조건 》에 맞도록 작업하시오. 50점

출력형태

구분	영화명	상영타입	스크린수	관객수	상영횟수	관객비율	순위	비고
		연간 극장 박스오피스						
드라마	겨울왕국2	디지털4D	2,648	13,369,075	282,557	13.24%	3위	천만관객
코미디	극한직업	디지털2D	2,003	16,265,618	292,584	16.11%	1위	천만관객
드라마	기생충	디지털2D	1,948	10,085,275	192,855	9.99%	5위	천만관객
어드벤처	백두산	디지털2D	1,971	6,290,773	99,916	6.23%	8위	
액션	스파이더맨	스크린X	2,142	8,021,145	180,474	7.94%	7위	
어드벤처	알라딘	디지털4D	1,409	12,552,283	266,469	12.43%	4위	천만관객
액션	어벤저스	디지털4D	2,835	13,934,592	242,001	13.80%	2위	천만관객
코미디	엑시트	디지털4D	1,660	9,426,011	202,223	9.33%	6위	
액션	조커	디지털2D	1,418	5,247,874	147,380	5.20%	10위	
액션	캡틴 마블	스크린X	2,100	5,802,810	186,382	5.75%	9위	
'스크린수'의 최대값-최소값 차이				1,426				
'구분'이 "드라마"인 '관객수'의 합계				23,454,350				
'상영횟수' 중 다섯 번째로 작은 값				192,855				

처리조건

▶ 1행의 행 높이를 '80'으로 설정하고, 2행~15행의 행 높이를 '18'로 설정하시오.

▶ 제목("연간 극장 박스오피스") : 기본 도형의 '정육면체'를 이용하여 입력하시오.
  – 도형 : 위치([B1:H1]), 도형 스타일(테마 스타일 – 보통 효과 – '주황, 강조 2')
  – 글꼴 : 굴림체, 24pt, 기울임꼴
  – 도형 서식 : 도형 옵션 – 크기 및 속성(텍스트 상자(세로 맞춤 : 정가운데, 텍스트 방향 : 가로))

▶ 셀 서식을 아래 조건에 맞게 작성하시오.
  – [A2:I15] : 테두리(안쪽, 윤곽선 모두 실선, '검정, 텍스트 1'), 전체 가운데 맞춤
  – [A13:D13], [A14:D14], [A15:D15] : 각각 병합하고 가운데 맞춤
  – [A2:I2], [A13:D15] : 채우기 색('주황, 강조 2, 40% 더 밝게'), 글꼴(굵게)
  – [D3:F12], [E13:G15] : 셀 서식의 표시형식–숫자를 이용하여 1000단위 구분 기호 표시
  – [G3:G12] : 셀 서식의 표시형식–백분율을 이용하여 소수 둘째자리까지 표시
  – [H3:H12] : 셀 서식의 표시형식–사용자 지정을 이용하여 #"위"자를 추가
  – 조건부 서식[A3:I12] : '스크린수'가 2500 이상인 경우 레코드 전체에 글꼴(빨강, 굵게) 적용
  – 지시사항이 없는 경우는 주어진 문제파일의 서식을 그대로 사용하시오.

▶ ① 순위[H3:H12] : '관객수'를 기준으로 큰 순으로 순위를 구하시오. **(RANK 함수)**
▶ ② 비고[I3:I12] : '관객수'가 10000000 이상이면 "천만관객", 그렇지 않으면 공백으로 구하시오. **(IF 함수)**
▶ ③ 최대값–최소값[E13:G13] : '스크린수'의 최대값과 최소값의 차이를 구하시오. **(MAX, MIN 함수)**
▶ ④ 합계[E14:G14] : '구분'이 "드라마"인 '관객수'의 합계를 구하시오. **(DSUM 함수)**
▶ ⑤ 다섯 번째로 작은 값[E15:G15] : '상영횟수' 중 다섯 번째로 작은 값을 구하시오. **(SMALL 함수)**

문 제 2 **"부분합"** 시트를 참조하여 다음 《 처리조건 》에 맞도록 작업하시오. 30점

출력형태

	구분	영화명	상영타입	스크린수	관객수	상영횟수	관객비율
3	코미디	극한직업	디지털2D	2,003	16,265,618	292,584	16.11%
4	드라마	기생충	디지털2D	1,948	10,085,275	192,855	9.99%
5	어드벤처	백두산	디지털2D	1,971	6,290,773	99,916	6.23%
6	액션	조커	디지털2D	1,418	5,247,874	147,380	5.20%
7		4	디지털2D 개수				
8			디지털2D 평균		9,472,385	183,184	
9	드라마	겨울왕국2	디지털4D	2,648	13,369,075	282,557	13.24%
10	어드벤처	알라딘	디지털4D	1,409	12,552,283	266,469	12.43%
11	액션	어벤져스	디지털4D	2,835	13,934,592	242,001	13.80%
12	코미디	엑시트	디지털4D	1,660	9,426,011	202,223	9.33%
13		4	디지털4D 개수				
14			디지털4D 평균		12,320,490	248,313	
15	액션	스파이더맨	스크린X	2,142	8,021,145	180,474	7.94%
16	액션	캡틴 마블	스크린X	2,100	5,802,810	186,382	5.75%
17		2	스크린X 개수				
18			스크린X 평균		6,911,978	183,428	
19		10	전체 개수				
20			전체 평균		10,099,546	209,284	

처리조건

▶ 데이터를 '상영타입' 기준으로 오름차순 정렬하시오.

▶ 아래 조건에 맞는 부분합을 작성하시오.
 – '상영타입'으로 그룹화 하여 '관객수', '상영횟수'의 평균을 구하는 부분합을 만드시오.
 – '상영타입'으로 그룹화 하여 '영화명'의 개수를 구하는 부분합을 만드시오.
  (새로운 값으로 대치하지 말 것)
 – [D3:F20] 영역에 셀 서식의 표시형식–숫자를 이용하여 1000단위 구분 기호를 표시하시오.

▶ D~F열을 선택하여 그룹을 설정하시오.

▶ 평균과 개수 부분합의 순서는 《 출력형태 》와 다를 수 있음

▶ 지시사항이 없는 경우는 기본 값을 적용하시오.

문 제 ③ "필터"와 "시나리오" 시트를 참조하여 다음 《 처리조건 》에 맞도록 작업하시오.   60점

1 필터

출력형태 – 필터

	A	B	C	D	E	F	G
1							
2	구분	영화명	상영타입	스크린수	관객수	상영횟수	관객비율
3	드라마	겨울왕국2	디지털4D	2,648	13,369,075	282,557	13.24%
4	코미디	극한직업	디지털2D	2,003	16,265,618	292,584	16.11%
5	드라마	기생충	디지털2D	1,948	10,085,275	192,855	9.99%
6	어드벤처	백두산	디지털2D	1,971	6,290,773	99,916	6.23%
7	액션	스파이더맨	스크린X	2,142	8,021,145	180,474	7.94%
8	어드벤처	알라딘	디지털4D	1,409	12,552,283	266,469	12.43%
9	액션	어벤져스	디지털4D	2,835	13,934,592	242,001	13.80%
10	코미디	엑시트	디지털4D	1,660	9,426,011	202,223	9.33%
11	액션	조커	디지털2D	1,418	5,247,874	147,380	5.20%
12	액션	캡틴 마블	스크린X	2,100	5,802,810	186,382	5.75%
13							
14	조건						
15	FALSE						
16							
17							
18	구분	영화명	스크린수	관객수			
19	어드벤처	백두산	1,971	6,290,773			
20	어드벤처	알라딘	1,409	12,552,283			
21	액션	조커	1,418	5,247,874			
22							

처리조건

▶ "필터" 시트의 [A2:G12]를 아래 조건에 맞게 고급필터를 사용하여 작성하시오.
  – '구분'이 "어드벤처"이거나 '스크린수'가 1500 이하인 데이터를 '구분', '영화명', '스크린수', '관객수'의 데이터만 필터링 하시오.
  – 조건 위치 : 조건 함수는 [A15] 한 셀에 작성(OR 함수 이용)
  – 결과 위치 : [A18]부터 출력

▶ 지시사항이 없는 경우는 ≪ 출력형태 – 필터 ≫와 동일하게 작성하시오.

② 시나리오

출력형태 – 시나리오

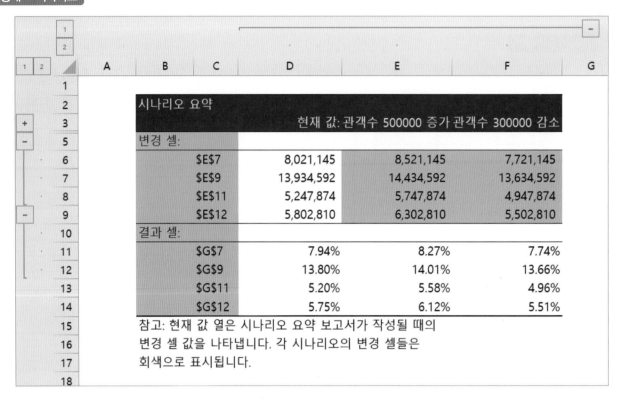

처리조건

▶ "시나리오" 시트의 [A2:G12]를 이용하여 '구분'이 "액션"인 경우, '관객수'가 변동할 때 '관객비율'이 변동하는 가상분석(시나리오)을 작성하시오.

　– 시나리오1 : 시나리오 이름은 "관객수 500000 증가", '관객수'에 500000을 증가시킨 값 설정.
　– 시나리오2 : 시나리오 이름은 "관객수 300000 감소", '관객수'에 300000을 감소시킨 값 설정.
　– "시나리오 요약" 시트를 작성하시오.

▶ 지시사항이 없는 경우는 ≪ 출력형태 – 시나리오 ≫와 동일하게 작성하시오.

문제 4 "피벗테이블" 시트를 참조하여 다음《 처리조건 》에 맞도록 작업하시오.   30점

출력형태

	A	B	C	D	E
1					
2					
3			상영타입 ▾		
4	구분 ▾	값	디지털2D	디지털4D	스크린X
5	액션	평균 : 스크린수	1,418	2,835	2,121
6		평균 : 관객수	5,247,874	13,934,592	6,911,978
7	어드벤처	평균 : 스크린수	1,971	1,409	***
8		평균 : 관객수	6,290,773	12,552,283	***
9	코미디	평균 : 스크린수	2,003	1,660	***
10		평균 : 관객수	16,265,618	9,426,011	***
11	전체 평균 : 스크린수		1,797	1,968	2,121
12	전체 평균 : 관객수		9,268,088	11,970,962	6,911,978
13					

처리조건

▶ "피벗테이블" 시트의 [A2:G12]를 이용하여 새로운 시트에 ≪ 출력형태 ≫와 같이 피벗테이블을 작성 후 시트명을 "피벗테이블 정답"으로 수정하시오.

▶ 구분(행)과 상영타입(열)을 기준으로 하여 출력형태와 같이 구하시오.
  – '스크린수', '관객수'의 평균을 구하시오.
  – 피벗 테이블 옵션을 이용하여 레이블이 있는 셀 병합 및 가운데 맞춤하고, 빈 셀을 "***"로 표시한 후, 행의 총 합계를 감추기 하시오.
  – 피벗 테이블 디자인에서 보고서 레이아웃은 '테이블 형식으로 표시', 피벗 테이블 스타일은 '피벗 스타일 보통 14'로 표시하시오.
  – 구분(행)은 "액션", "어드벤처", "코미디"만 출력되도록 표시하시오.
  – [C5:E12] 데이터는 셀 서식의 표시형식–숫자를 이용하여 1000단위 구분 기호를 표시하고, 가운데 맞춤하시오.

▶ 구분의 순서는 ≪ 출력형태 ≫와 다를 수 있음

▶ 지시사항이 없는 경우는 ≪ 출력형태 ≫와 동일하게 작성하시오.

문제 5 **"차트" 시트를 참조하여 다음《 처리조건 》에 맞도록 작업하시오.** 　　　30점

출력형태

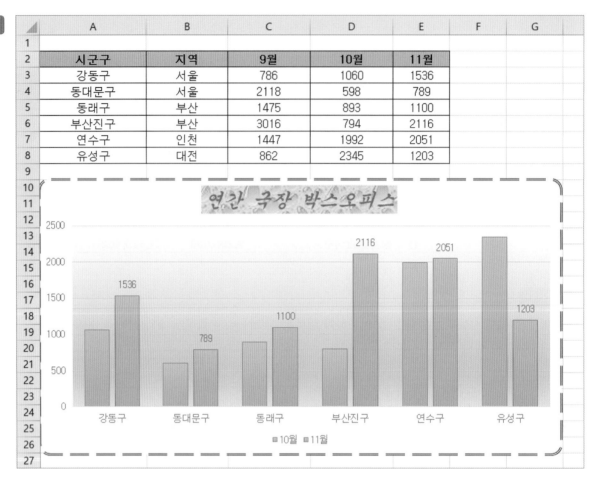

	A	B	C	D	E	F	G
1							
2	시군구	지역	9월	10월	11월		
3	강동구	서울	786	1060	1536		
4	동대문구	서울	2118	598	789		
5	동래구	부산	1475	893	1100		
6	부산진구	부산	3016	794	2116		
7	연수구	인천	1447	1992	2051		
8	유성구	대전	862	2345	1203		

처리조건

▶ "차트" 시트에 주어진 표를 이용하여 '묶은 세로 막대형' 차트를 작성하시오.
　– 데이터 범위 : 현재 시트 [A2:A8], [D2:E8]의 데이터를 이용하여 작성하고, 행/열 전환은 '열'로 지정
　– 차트 제목("연간 극장 박스오피스")
　– 범례 위치 : 아래쪽
　– 차트 스타일 : 색 변경(색상형 – 색 1, 스타일 5)
　– 차트 위치 : 현재 시트에 [A10:G26] 크기에 정확하게 맞추시오.
　– 차트 영역 서식 : 글꼴(돋움체, 9pt), 테두리 색(실선, 색 : 빨강), 테두리 스타일
　　　　　　　　　(너비 : 2.5pt, 겹선 종류 : 이중, 대시 종류 : 긴 파선, 둥근 모서리)
　– 차트 제목 서식 : 글꼴(궁서체, 18pt, 기울임꼴), 채우기(그림 또는 질감 채우기, 질감 : 작은 물방울)
　– 그림 영역 서식 : 채우기(그라데이션 채우기, 그라데이션 미리 설정 : 밝은 그라데이션 – 강조 1, 종류 : 선형,
　　　　　　　　　방향 : 선형 아래쪽)
　– 데이터 레이블 추가 : '11월' 계열에 "값" 표시

▶ 지시사항이 없는 경우는 ≪ 출력형태 ≫와 동일하게 작성하시오.

제08회 실전모의고사

MS Office 2016 버전용

- 시험과목 : 스프레드시트(엑셀)
- 시험일자 : 20XX. XX. XX(X)
- 응시자 기재사항 및 감독위원 확인

수 검 번 호	DIS – XXXX –	감독위원 확인
성 명		

식별CODE

한국정보통신진흥협회 KAIT
Korea Association for ICT promotion

문제 **1** "거래현황" 시트를 참조하여 다음《 처리조건 》에 맞도록 작업하시오. 50점

출력형태

단위	지역	시군구	9월	10월	11월	거래증감률	순위	비고
특별시	서울	강동구	786	1,060	1,536	95.42%	1위	
광역시	대전	동구	474	2,309	518	9.28%	5위	거래활발
특별시	서울	동대문구	2,118	598	789	-62.75%	10위	
광역시	부산	동래구	1,475	893	1,100	-25.42%	7위	
광역시	부산	부산진구	3,016	794	2,116	-29.84%	8위	
광역시	인천	서구	3,290	1,572	3,520	6.99%	6위	거래활발
특별시	서울	성북구	643	2,257	1,186	84.45%	2위	거래활발
광역시	인천	연수구	1,447	1,992	2,051	41.74%	3위	거래활발
광역시	대전	유성구	862	2,345	1,203	39.56%	4위	거래활발
특별시	서울	은평구	688	521	389	-43.46%	9위	
'9월'의 최대값-최소값 차이				2,816				
'지역'이 "서울"인 '10월'의 합계				4,436				
'11월' 중 세 번째로 큰 값				2,051				

제목 위에 표시된 제목: **행정구역별 부동산 거래 현황**

처리조건

▶ 1행의 행 높이를 '80'으로 설정하고, 2행~15행의 행 높이를 '18'로 설정하시오.

▶ 제목("행정구역별 부동산 거래 현황") : 기본 도형의 '정육면체'를 이용하여 입력하시오.
  – 도형 : 위치([B1:H1]), 도형 스타일(테마 스타일 – 미세 효과 – '주황, 강조 2')
  – 글꼴 : 굴림체, 24pt, 기울임꼴
  – 도형 서식 : 도형 옵션 – 크기 및 속성(텍스트 상자(세로 맞춤 : 정가운데, 텍스트 방향 : 가로))

▶ 셀 서식을 아래 조건에 맞게 작성하시오.
  – [A2:I15] : 테두리(안쪽, 윤곽선 모두 실선, '검정, 텍스트 1'), 전체 가운데 맞춤
  – [A13:D13], [A14:D14], [A15:D15] : 각각 병합하고 가운데 맞춤
  – [A2:I2], [A13:D15] : 채우기 색('주황, 강조 2, 40% 더 밝게'), 글꼴(굵게)
  – [D3:F12], [E13:G15] : 셀 서식의 표시형식–숫자를 이용하여 1000단위 구분 기호 표시
  – [G3:G12] : 셀 서식의 표시형식–백분율을 이용하여 소수 둘째자리까지 표시
  – [H3:H12] : 셀 서식의 표시형식–사용자 지정을 이용하여 #"위"자를 추가
  – 조건부 서식[A3:I12] : '11월'이 1000 이하인 경우 레코드 전체에 글꼴(파랑, 굵게) 적용
  – 지시사항이 없는 경우는 주어진 문제파일의 서식을 그대로 사용하시오.

▶ ① 순위[H3:H12] : '거래증감률'을 기준으로 큰 순으로 순위를 구하시오. **(RANK 함수)**
▶ ② 비고[I3:I12] : '10월'이 1100 이상이면 "거래활발", 그렇지 않으면 공백으로 구하시오. **(IF 함수)**
▶ ③ 최대값-최소값[E13:G13] : '9월'의 최대값과 최소값의 차이를 구하시오. **(MAX, MIN 함수)**
▶ ④ 합계[E14:G14] : '지역'이 "서울"인 '10월'의 합계를 구하시오. **(DSUM 함수)**
▶ ⑤ 세 번째로 큰 값[E15:G15] : '11월' 중 세 번째로 큰 값을 구하시오. **(LARGE 함수)**

문제 2 "부분합" 시트를 참조하여 다음《 처리조건 》에 맞도록 작업하시오. 30점

출력형태

	A	B	C	D	E	F	G
2	단위	지역	시군구	9월	10월	11월	증감률
3	광역시	대전	동구	474	2,309	518	9.28%
4	광역시	대전	유성구	862	2,345	1,203	39.56%
5		대전 개수	2				
6		대전 평균			2,327	861	
7	광역시	부산	동래구	1,475	893	1,100	-25.42%
8	광역시	부산	부산진구	3,016	794	2,116	-29.84%
9		부산 개수	2				
10		부산 평균			844	1,608	
11	특별시	서울	강동구	786	1,060	1,536	95.42%
12	특별시	서울	동대문구	2,118	598	789	-62.75%
13	특별시	서울	성북구	643	2,257	1,186	84.45%
14	특별시	서울	은평구	688	521	389	-43.46%
15		서울 개수	4				
16		서울 평균			1,109	975	
17	광역시	인천	서구	3,290	1,572	3,520	6.99%
18	광역시	인천	연수구	1,447	1,992	2,051	41.74%
19		인천 개수	2				
20		인천 평균			1,782	2,786	
21		전체 개수	10				
22		전체 평균			1,434	1,441	

처리조건

▶ 데이터를 '지역' 기준으로 오름차순 정렬하시오.

▶ 아래 조건에 맞는 부분합을 작성하시오.
 – '지역'으로 그룹화 하여 '10월', '11월'의 평균을 구하는 부분합을 만드시오.
 – '지역'으로 그룹화 하여 '시군구'의 개수를 구하는 부분합을 만드시오.
  (새로운 값으로 대치하지 말 것)
 – [D3:F22] 영역에 셀 서식의 표시형식–숫자를 이용하여 1000단위 구분 기호를 표시하시오.

▶ D~F열을 선택하여 그룹을 설정하시오.

▶ 평균과 개수 부분합의 순서는 ≪ 출력형태 ≫와 다를 수 있음

▶ 지시사항이 없는 경우는 기본 값을 적용하시오.

문 제 3 "필터"와 "시나리오" 시트를 참조하여 다음《 처리조건 》에 맞도록 작업하시오.   60점

1 필터

출력형태 – 필터

	A	B	C	D	E	F	G
1							
2	단위	지역	시군구	9월	10월	11월	증감률
3	특별시	서울	강동구	786	1060	1536	95.42%
4	광역시	대전	동구	474	2309	518	9.28%
5	특별시	서울	동대문구	2118	598	789	-62.75%
6	광역시	부산	동래구	1475	893	1100	-25.42%
7	광역시	부산	부산진구	3016	794	2116	-29.84%
8	광역시	인천	서구	3290	1572	3520	6.99%
9	특별시	서울	성북구	643	2257	1186	84.45%
10	광역시	인천	연수구	1447	1992	2051	41.74%
11	광역시	대전	유성구	862	2345	1203	39.56%
12	특별시	서울	은평구	688	521	389	-43.46%
13							
14							
15	조건						
16	FALSE						
17							
18	시군구	10월	11월	증감률			
19	동대문구	598	789	-62.75%			
20	동래구	893	1100	-25.42%			
21	부산진구	794	2116	-29.84%			
22	은평구	521	389	-43.46%			
23							

처리조건

▶ "필터" 시트의 [A2:G12]를 아래 조건에 맞게 고급필터를 사용하여 작성하시오.
   – '지역'이 "부산"이거나 '10월'이 700 이하인 데이터를 '시군구', '10월', '11월', '증감률'의 데이터만 필터링 하시오.
   – 조건 위치 : 조건 함수는 [A16] 한 셀에 작성(OR 함수 이용)
   – 결과 위치 : [A18]부터 출력

▶ 지시사항이 없는 경우는 ≪ 출력형태 – 필터 ≫와 동일하게 작성하시오.

2 시나리오

출력형태 – 시나리오

시나리오 요약			현재 값:	11월 300 증가	11월 200 감소
변경 셀:					
	F3		1536	1836	1336
	F5		789	1089	589
	F9		1186	1486	986
	F12		389	689	189
결과 셀:					
	G3		95.42%	133.59%	69.97%
	G5		-62.75%	-48.58%	-72.19%
	G9		84.45%	131.10%	53.34%
	G12		-43.46%	0.15%	-72.53%

참고: 현재 값 열은 시나리오 요약 보고서가 작성될 때의
변경 셀 값을 나타냅니다. 각 시나리오의 변경 셀들은
회색으로 표시됩니다.

처리조건

▶ "시나리오" 시트의 [A2:G12]를 이용하여 '지역'이 "서울"인 경우, '11월'이 변동할 때 '증감률'이 변동하는 가상분석 (시나리오)을 작성하시오.

　- 시나리오1 : 시나리오 이름은 "11월 300 증가", '11월'에 300을 증가시킨 값 설정.
　- 시나리오2 : 시나리오 이름은 "11월 200 감소", '11월'에 200을 감소시킨 값 설정.
　- "시나리오 요약" 시트를 작성하시오.

▶ 지시사항이 없는 경우는 ≪ 출력형태 – 시나리오 ≫와 동일하게 작성하시오.

문 제 4 **"피벗테이블"** 시트를 참조하여 다음 《 처리조건 》에 맞도록 작업하시오.   30점

출력형태

	A	B	C	D
1				
2				
3			단위 ▾	
4	지역 ↓	값	광역시	특별시
5	대전	평균 : 10월	2,327	***
6		평균 : 11월	861	***
7	서울	평균 : 10월	***	1,109
8		평균 : 11월	***	975
9	인천	평균 : 10월	1,782	***
10		평균 : 11월	2,786	***
11	전체 평균 : 10월		2,055	1,109
12	전체 평균 : 11월		1,823	975
13				

처리조건

▶ "피벗테이블" 시트의 [A2:G12]를 이용하여 새로운 시트에 ≪ 출력형태 ≫와 같이 피벗테이블을 작성 후 시트명을 "피벗테이블 정답"으로 수정하시오.

▶ 지역(행)과 단위(열)을 기준으로 하여 출력형태와 같이 구하시오.
- '10월', '11월'의 평균을 구하시오.
- 피벗 테이블 옵션을 이용하여 레이블이 있는 셀 병합 및 가운데 맞춤하고, 빈 셀을 "***"로 표시한 후, 행의 총 합계를 감추기 하시오.
- 피벗 테이블 디자인에서 보고서 레이아웃은 '테이블 형식으로 표시', 피벗 테이블 스타일은 '피벗 스타일 어둡게 6'으로 표시하시오.
- 지역(행)은 "대전", "서울", "인천"만 출력되도록 표시하시오.
- [C5:D12] 데이터는 셀 서식의 표시형식–숫자를 이용하여 1000단위 구분 기호를 표시하고, 가운데 맞춤하시오.

▶ 지역의 순서는 ≪ 출력형태 ≫와 다를 수 있음

▶ 지시사항이 없는 경우는 ≪ 출력형태 ≫와 동일하게 작성하시오.

문제 **5** "차트" 시트를 참조하여 다음《 처리조건 》에 맞도록 작업하시오.   30점

출력형태

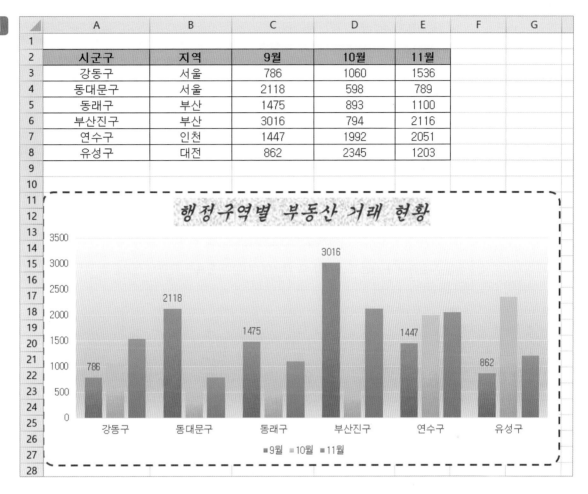

시군구	지역	9월	10월	11월
강동구	서울	786	1060	1536
동대문구	서울	2118	598	789
동래구	부산	1475	893	1100
부산진구	부산	3016	794	2116
연수구	인천	1447	1992	2051
유성구	대전	862	2345	1203

처리조건

▶ "차트" 시트에 주어진 표를 이용하여 '묶은 세로 막대형' 차트를 작성하시오.
  – 데이터 범위 : 현재 시트 [A2:A8], [C2:E8]의 데이터를 이용하여 작성하고, 행/열 전환은 '열'로 지정
  – 차트 제목("행정구역별 부동산 거래 현황")
  – 범례 위치 : 아래쪽
  – 차트 스타일 : 색 변경(색상형 – 색 3, 스타일 6)
  – 차트 위치 : 현재 시트에 [A11:G27] 크기에 정확하게 맞추시오.
  – 차트 영역 서식 : 글꼴(돋움체, 9pt), 테두리 색(실선, 색 : 자주),
                테두리 스타일(너비 : 2pt, 겹선 종류 : 단순형, 대시 종류 : 파선, 둥근 모서리)
  – 차트 제목 서식 : 글꼴(궁서체, 18pt, 기울임꼴), 채우기(그림 또는 질감 채우기, 질감 : 신문 용지)
  – 그림 영역 서식 : 채우기(그라데이션 채우기, 그라데이션 미리 설정 : 밝은 그라데이션 – 강조 2, 종류 : 선형,
                방향 : 선형 아래쪽)
  – 데이터 레이블 추가 : '9월' 계열에 "값" 표시

▶ 지시사항이 없는 경우는 ≪ 출력형태 ≫와 동일하게 작성하시오.

제09회 실전모의고사

MS Office 2016 버전용

- 시험과목 : 스프레드시트(엑셀)
- 시험일자 : 20XX. XX. XX(X)
- 응시자 기재사항 및 감독위원 확인

A

수 검 번 호	DIS – XXXX –	감독위원 확인
성 명		

응시자 유의사항

1. 응시자는 신분증을 지참하여야 시험에 응시할 수 있으며, 시험이 종료될 때까지 신분증을 제시하지 못 할 경우 해당 시험은 0점 처리됩니다.

2. 시스템(PC작동여부, 네트워크 상태 등)의 이상여부를 반드시 확인하여야 하며, 시스템 이상이 있을시 감독위원에게 조치를 받으셔야 합니다.

3. 시험 중 부주의 또는 고의로 시스템을 파손한 경우는 응시자 부담으로 합니다.

4. 답안 전송 프로그램을 통해 다운로드 받은 파일을 이용하여 답안파일을 작성하시기 바랍니다.

5. 작성한 답안 파일은 답안 전송 프로그램을 통하여 전송됩니다. 감독위원의 지시에 따라 주시기 바랍니다.

6. 다음사항의 경우 실격(0점) 혹은 부정행위 처리됩니다.

    1) 답안파일을 저장하지 않았거나, 저장한 파일이 손상되었을 경우

    2) 답안파일을 지정된 폴더(바탕화면 – "KAIT" 폴더)에 저장하지 않았을 경우

        ※ 답안 전송 프로그램 로그인 시 바탕화면에 자동 생성됨

    3) 답안파일을 다른 보조 기억장치(USB) 혹은 네트워크(메신저, 게시판 등)로 전송할 경우

    4) 휴대용 전화기 등 통신기기를 사용할 경우

7. 시험지에 제시된 글꼴이 응시 프로그램에 없는 경우, 반드시 감독위원에게 해당 내용을 통보한 뒤 조치를 받아야 합니다.

8. 시험의 완료는 작성이 완료된 답안을 저장하고, 답안 전송이 완료된 상태를 확인한 것으로 합니다. 답안 전송 확인 후 문제지는 감독위원에게 제출한 후 퇴실하여야 합니다.

9. 답안전송이 완료된 경우에는 수정 또는 정정이 불가능합니다.

10. 시험시행 후 합격자 발표는 홈페이지(www.ihd.or.kr)에서 확인하시기 바랍니다.

    1) 문제 및 모범답안 공개 : 20XX. XX. XX(X)

    2) 합격자 발표 : 20XX. XX. XX(X)

식별CODE

한국정보통신진흥협회 Korea Association for ICT promotion **KAIT**

문제 1 **"인기순위" 시트를 참조하여 다음 《 처리조건 》에 맞도록 작업하시오.** 50점

출력형태

브랜드	모델	분류	출시년도	단종년도	차량가격	인기평점	순위	비고
폭스바겐	비틀 카브리오	컨버터블	1938년	2003년	29,200,000	272	5위	
메르세데스 벤츠	180(W120)	세단	1953년	1962년	16,100,000	198	10위	올드카
지엠	콜벳 카브리오 C1	컨버터블	1953년	1962년	102,560,000	234	8위	올드카
포르쉐	911-1세대	쿠페	1963년	1989년	134,000,000	259	6위	
포드	머스탱	컨버터블	1964년	1973년	68,500,000	292	3위	
포드	머스탱 쿠페	세단	1964년	1973년	54,090,000	413	1위	
메르세데스 벤츠	200(W114/115)	세단	1967년	1976년	14,790,000	281	4위	
폭스바겐	마이크로버스T2	밴	1967년	1979년	34,440,000	365	2위	
메르세데스 벤츠	S클래스 280	세단	1972년	1980년	20,030,000	246	7위	
포르쉐	911-2세대	쿠페	1973년	1989년	36,031,650	227	9위	
'분류'가 "컨버터블"인 '차량가격'의 평균					66,753,333			
'차량가격'의 최대값-최소값 차이					119,210,000			
'인기평점' 중 세 번째로 작은 값					234			

제목: 해 외 클래식카 인기 순위

처리조건

▶ 1행의 행 높이를 '80'으로 설정하고, 2행~15행의 행 높이를 '18'로 설정하시오.

▶ 제목("해외 클래식카 인기 순위") : 기본 도형의 '정오각형'을 이용하여 입력하시오.
  – 도형 : 위치([B1:H1]), 도형 스타일(테마 스타일 – 보통 효과 – '황금색, 강조 4')
  – 글꼴 : 궁서, 26pt, 밑줄
  – 도형 서식 : 도형 옵션 – 크기 및 속성(텍스트 상자(세로 맞춤 : 정가운데, 텍스트 방향 : 가로))

▶ 셀 서식을 아래 조건에 맞게 작성하시오.
  – [A2:I15] : 테두리(안쪽, 윤곽선 모두 실선, '검정, 텍스트 1'), 전체 가운데 맞춤
  – [A13:D13], [A14:D14], [A15:D15] : 각각 병합하고 가운데 맞춤
  – [A2:I2], [A13:D15] : 채우기 색('황금색, 강조 4, 60% 더 밝게'), 글꼴(굵게)
  – [F3:F12], [E13:G14] : 셀 서식의 표시형식–숫자를 이용하여 1000단위 구분 기호 표시
  – [H3:H12] : 셀 서식의 표시형식–사용자 지정을 이용하여 #"위"자를 추가
  – [D3:E12] : 셀 서식의 표시형식–사용자 지정을 이용하여 #"년"자를 추가
  – 조건부 서식[A3:I12] : '차량가격'이 100000000 이상인 경우 레코드 전체에 글꼴(자주, 굵게) 적용
  – 지시사항이 없는 경우는 주어진 문제파일의 서식을 그대로 사용하시오.

▶ ① 순위[H3:H12] : '인기평점'을 기준으로 큰 순으로 순위를 구하시오. **(RANK 함수)**
▶ ② 비고[I3:I12] : '단종년도'가 1970 이하이면 "올드카", 그렇지 않으면 공백으로 구하시오. **(IF 함수)**
▶ ③ 평균[E13:G13] : '분류'가 "컨버터블"인 '차량가격'의 평균을 구하시오. **(DAVERAGE 함수)**
▶ ④ 최대값–최소값[E14:G14] : '차량가격'의 최대값과 최소값의 차이를 구하시오. **(MAX, MIN 함수)**
▶ ⑤ 세 번째로 작은 값[E15:G15] : '인기평점' 중 세 번째로 작은 값을 구하시오. **(SMALL 함수)**

문 제 2　"부분합" 시트를 참조하여 다음《 처리조건 》에 맞도록 작업하시오.　30점

출력형태

	A	B	C	D	E	F	G
2	브랜드	모델	분류	출시년도	단종년도	차량가격	인기평점
3	포르쉐	911-1세대	쿠페	1963	1989	134,000,000	259
4	포르쉐	911-2세대	쿠페	1973	1989	36,031,650	227
5			쿠페 평균			85,015,825	243
6			쿠페 최대값	1973	1989		
7	폭스바겐	비틀 카브리오	컨버터블	1938	2003	29,200,000	272
8	지엠	콜벳 카브리오 C1	컨버터블	1953	1962	102,560,000	234
9	포드	머스탱	컨버터블	1964	1973	68,500,000	292
10			컨버터블 평균			66,753,333	266
11			컨버터블 최대값	1964	2003		
12	메르세데스 벤츠	180(W120)	세단	1953	1962	16,100,000	198
13	포드	머스탱 쿠페	세단	1964	1973	54,090,000	413
14	메르세데스 벤츠	200(W114/115)	세단	1967	1976	14,790,000	281
15	메르세데스 벤츠	S클래스 280	세단	1972	1980	20,030,000	246
16			세단 평균			26,252,500	285
17			세단 최대값	1972	1980		
18	폭스바겐	마이크로버스T2	밴	1967	1979	34,440,000	365
19			밴 평균			34,440,000	365
20			밴 최대값	1967	1979		
21			전체 평균			50,974,165	279
22			전체 최대값	1973	2003		

처리조건

▶ 데이터를 '분류' 기준으로 내림차순 정렬하시오.

▶ 아래 조건에 맞는 부분합을 작성하시오.
　－ '분류'로 그룹화 하여 '출시년도', '단종년도'의 최대값을 구하는 부분합을 만드시오.
　－ '분류'로 그룹화 하여 '차량가격', '인기평점'의 평균을 구하는 부분합을 만드시오.
　　(새로운 값으로 대치하지 말 것)
　－ [F3:G22] 영역에 셀 서식의 표시형식－숫자를 이용하여 1000단위 구분 기호를 표시하시오.

▶ D~F열을 선택하여 그룹을 설정하시오.

▶ 최대값과 평균 부분합의 순서는 《 출력형태 》와 다를 수 있음

▶ 지시사항이 없는 경우는 기본 값을 적용하시오.

문제 3 "필터"와 "시나리오" 시트를 참조하여 다음《 처리조건 》에 맞도록 작업하시오.   60점

1 필터

출력형태 – 필터

	A	B	C	D	E	F	G
1							
2	브랜드	모델	분류	출시년도	단종년도	차량가격	인기평점
3	폭스바겐	비틀 카브리오	컨버터블	1938	2003	29200000	272
4	메르세데스 벤츠	180(W120)	세단	1953	1962	16100000	198
5	지엠	콜벳 카브리오 C1	컨버터블	1953	1962	102560000	234
6	포르쉐	911-1세대	쿠페	1963	1989	134000000	259
7	포드	머스탱	컨버터블	1964	1973	68500000	292
8	포드	머스탱 쿠페	세단	1964	1973	54090000	413
9	메르세데스 벤츠	200(W114/115)	세단	1967	1976	14790000	281
10	폭스바겐	마이크로버스T2	밴	1967	1979	34440000	365
11	메르세데스 벤츠	S클래스 280	세단	1972	1980	20030000	246
12	포르쉐	911-2세대	쿠페	1973	1989	36031650	227
13							
14	조건						
15	FALSE						
16							
17							
18	브랜드	모델	분류	출시년도	단종년도		
19	폭스바겐	마이크로버스T2	밴	1967	1979		
20	메르세데스 벤츠	S클래스 280	세단	1972	1980		
21	포르쉐	911-2세대	쿠페	1973	1989		
22							

처리조건

▶ "필터" 시트의 [A2:G12]를 아래 조건에 맞게 고급필터를 사용하여 작성하시오.
   – '분류'가 "밴"이거나 '출시년도'가 1970 이상인 데이터를 '브랜드', '모델', '분류', '출시년도', '단종년도'의 데이터만 필터링 하시오.
   – 조건 위치 : 조건 함수는 [A15] 한 셀에 작성(OR 함수 이용)
   – 결과 위치 : [A18]부터 출력

▶ 지시사항이 없는 경우는 ≪ 출력형태 – 필터 ≫와 동일하게 작성하시오.

② 시나리오

출력형태 – 시나리오

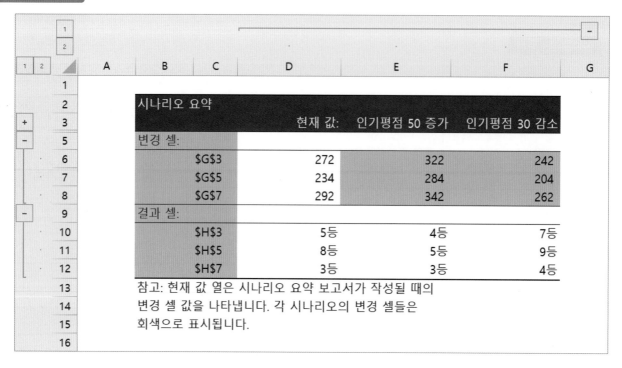

시나리오 요약			현재 값:	인기평점 50 증가	인기평점 30 감소
변경 셀:					
		G3	272	322	242
		G5	234	284	204
		G7	292	342	262
결과 셀:					
		H3	5등	4등	7등
		H5	8등	5등	9등
		H7	3등	3등	4등

참고: 현재 값 열은 시나리오 요약 보고서가 작성될 때의
변경 셀 값을 나타냅니다. 각 시나리오의 변경 셀들은
회색으로 표시됩니다.

처리조건

▶ "시나리오" 시트의 [A2:H12]를 이용하여 '분류'가 "컨버터블"인 경우, '인기평점'이 변동할 때 '순위'가 변동하는 가상분석(시나리오)을 작성하시오.

    – 시나리오1 : 시나리오 이름은 "인기평점 50 증가", '인기평점'에 50을 증가시킨 값 설정.
    – 시나리오2 : 시나리오 이름은 "인기평점 30 감소", '인기평점'에 30을 감소시킨 값 설정.
    – "시나리오 요약" 시트를 작성하시오.

▶ 지시사항이 없는 경우는 ≪ 출력형태 – 시나리오 ≫와 동일하게 작성하시오.

문 제 ④ "피벗테이블" 시트를 참조하여 다음《 처리조건 》에 맞도록 작업하시오.   30점

출력형태

	A	B	C	D	E
1					
2					
3			브랜드 ▾		
4	분류 ▾	값	포드	포르쉐	폭스바겐
5	밴	최대값 : 차량가격	*	*	34,440,000
6		최대값 : 인기평점	*	*	365
7	세단	최대값 : 차량가격	54,090,000	*	*
8		최대값 : 인기평점	413	*	*
9	컨버터블	최대값 : 차량가격	68,500,000	*	29,200,000
10		최대값 : 인기평점	292	*	272
11	쿠페	최대값 : 차량가격	*	134,000,000	*
12		최대값 : 인기평점	*	259	*
13	전체 최대값 : 차량가격		68,500,000	134,000,000	34,440,000
14	전체 최대값 : 인기평점		413	259	365
15					

처리조건

▶ "피벗테이블" 시트의 [A2:G12]를 이용하여 새로운 시트에 ≪ 출력형태 ≫와 같이 피벗테이블을 작성 후 시트명을 "피벗테이블 정답"으로 수정하시오.

▶ 분류(행)와 브랜드(열)를 기준으로 하여 출력형태와 같이 구하시오.
   – '차량가격', '인기평점'의 최대값을 구하시오.
   – 피벗 테이블 옵션을 이용하여 레이블이 있는 셀 병합 및 가운데 맞춤하고 빈 셀을 "*"로 표시한 후, 행의 총합
     계를 감추기 하시오.
   – 피벗 테이블 디자인에서 보고서 레이아웃은 '테이블 형식으로 표시', 피벗 테이블 스타일은 '피벗 스타일 보통
     9'로 표시하시오.
   – 브랜드(열)은 "포드", "포르쉐", "폭스바겐"만 출력되도록 표시하시오.
   – [C5:E14] 데이터는 셀 서식의 표시형식–숫자를 이용하여 1000단위 구분 기호를 표시하고, 가운데 맞춤하시오.

▶ 분류의 순서는 ≪ 출력형태 ≫와 다를 수 있음

▶ 지시사항이 없는 경우는 ≪ 출력형태 ≫와 동일하게 작성하시오.

문제 **5** "차트" 시트를 참조하여 다음 《 처리조건 》에 맞도록 작업하시오.　　30점

출력형태

	A	B	C	D	E	F	G
1							
2	모델	분류	출시년도	단종년도	차량가격	인기평점	
3	비틀 카브리오	컨버터블	1938	2003	29200000	272	
4	180(W120)	세단	1953	1962	16100000	198	
5	콜벳 카브리오 C1	컨버터블	1953	1962	102560000	234	
6	911-1세대	쿠페	1963	1989	134000000	259	
7	머스탱	컨버터블	1964	1973	68500000	292	

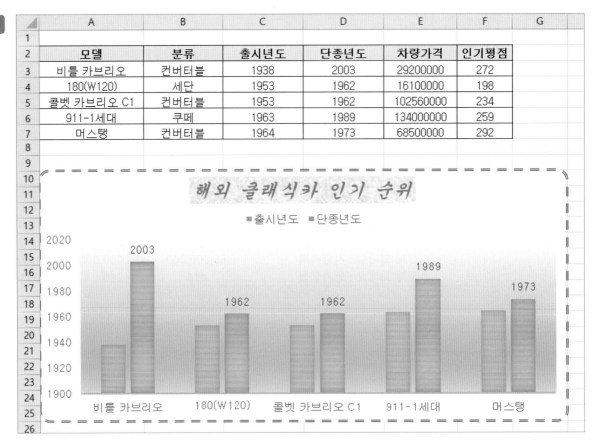

처리조건

▶ "차트" 시트에 주어진 표를 이용하여 '묶은 세로 막대형' 차트를 작성하시오.
- 데이터 범위 : 현재 시트 [A2:A7], [C2:D7]의 데이터를 이용하여 작성하고, 행/열 전환은 '열'으로 지정
- 차트 제목("해외 클래식카 인기 순위")
- 범례 위치 : 위쪽
- 차트 스타일 : 색 변경(색상형 – 색 1, 스타일 3)
- 차트 위치 : 현재 시트에 [A10:G25] 크기에 정확하게 맞추시오.
- 차트 영역 서식 : 글꼴(굴림, 11pt), 테두리 색(실선, 색 : 자주),
　　　　　　　　테두리 스타일(너비 : 2.5pt, 겹선 종류 : 이중, 대시 종류 : 파선, 둥근 모서리)
- 차트 제목 서식 : 글꼴(궁서, 18pt, 기울임꼴), 채우기(그림 또는 질감 채우기, 질감 : 파랑 박엽지)
- 그림 영역 서식 : 채우기(그라데이션 채우기, 그라데이션 미리 설정 : 밝은 그라데이션 – 강조 5, 종류 : 선형,
　　　　　　　　방향 : 선형 아래쪽)
- 데이터 레이블 추가 : '단종년도' 계열에 "값" 표시

▶ 지시사항이 없는 경우는 ≪ 출력형태 ≫와 동일하게 작성하시오.

제10회 실전모의고사

MS Office 2016 버전용

- 시험과목 : 스프레드시트(엑셀)
- 시험일자 : 20XX. XX. XX(X)
- 응시자 기재사항 및 감독위원 확인

수 검 번 호	DIS − XXXX −	감독위원 확인
성 명		

식별CODE
스

한국정보통신진흥협회 KAIT
Korea Association for ICT promotion

문제 1 "판매현황" 시트를 참조하여 다음《 처리조건 》에 맞도록 작업하시오.　50점

출력형태

	A	B	C	D	E	F	G	H	I
1				세대별 키보드 판매 현황					
2	제품명	구분	종류	20대	30대	40대	평균	순위	비고
3	해커K590	유선	적축	1,108	408	491	669대	6위	
4	크래프트	블루투스	멤브레인	355	1,337	1,063	918대	2위	인기상품
5	케이83	무선	적축	713	1,138	403	751대	5위	
6	케이70	유선	적축	1,188	272	364	608대	8위	
7	케이660	유선	광축	996	1,332	411	913대	3위	인기상품
8	케이380	블루투스	멤브레인	499	1,039	735	593대	9위	
9	올인원미디어	무선	멤브레인	469	494	816	593대	9위	
10	씨케이800	유선	광축	1,061	461	470	664대	7위	
11	리줌Z35	블루투스	광축	1,438	1,052	491	994대	1위	인기상품
12	레트로48	무선	멤브레인	455	439	1,405	766대	4위	
13	'종류'가 "적축"인 '30대'의 평균				606				
14	'20대'의 최대값-최소값 차이				1,083				
15	'40대' 중 세 번째로 작은 값				411				
16									

처리조건

▶ 1행의 행 높이를 '80'으로 설정하고, 2행~15행의 행 높이를 '18'로 설정하시오.

▶ 제목("세대별 키보드 판매 현황") : 기본 도형의 '십자형'을 이용하여 입력하시오.
　– 도형 : 위치([B1:H1]), 도형 스타일(테마 스타일 – 보통 효과 – '파랑, 강조 5')
　– 글꼴 : 돋움체, 24pt, 기울임꼴
　– 도형 서식 : 도형 옵션 – 크기 및 속성(텍스트 상자(세로 맞춤 : 정가운데, 텍스트 방향 : 가로))

▶ 셀 서식을 아래 조건에 맞게 작성하시오.
　– [A2:I15] : 테두리(안쪽, 윤곽선 모두 실선, '검정, 텍스트 1'), 전체 가운데 맞춤
　– [A13:D13], [A14:D14], [A15:D15] : 각각 병합하고 가운데 맞춤
　– [A2:I2], [A13:D15] : 채우기 색('파랑, 강조 5, 60% 더 밝게'), 글꼴(굵게)
　– [D3:F12], [E13:G15] : 셀 서식의 표시형식–숫자를 이용하여 1000단위 구분 기호 표시
　– [G3:G12] : 셀 서식의 표시형식–사용자 지정을 이용하여 #,##0"대"자를 추가
　– [H3:H12] : 셀 서식의 표시형식–사용자 지정을 이용하여 #"위"자를 추가
　– 조건부 서식[A3:I12] : '종류'가 "광축"인 경우 레코드 전체에 글꼴(파랑, 굵게) 적용
　– 지시사항이 없는 경우는 주어진 문제파일의 서식을 그대로 사용하시오.

▶ ① 순위[H3:H12] : '평균'을 기준으로 큰 순으로 순위를 구하시오. **(RANK 함수)**
▶ ② 비고[I3:I12] : '평균'이 900 이상이면 "인기상품", 그렇지 않으면 공백으로 구하시오. **(IF 함수)**
▶ ③ 평균[E13:G13] : '종류'가 "적축"인 '30대'의 평균를 구하시오. **(DAVERAGE 함수)**
▶ ④ 최대값-최소값[E14:G14] : '20대'의 최대값과 최소값의 차이를 구하시오. **(MAX, MIN 함수)**
▶ ⑤ 세 번째로 작은 값[E15:G15] : '40대' 중 세 번째로 작은 값을 구하시오. **(SMALL 함수)**

문제 **2**　"부분합" 시트를 참조하여 다음《 처리조건 》에 맞도록 작업하시오.　　30점

출력형태

	A	B	C	D	E	F	G
2	제품명	구분	종류	20대	30대	40대	평균
3	해커K590	유선	적축	1,108	408	491	669
4	케이83	무선	적축	713	1,138	403	751
5	케이70	유선	적축	1,188	272	364	608
6			적축 최대값				751
7			적축 평균	1,003	606	419	
8	크래프트	블루투스	멤브레인	355	1,337	1,063	918
9	케이380	블루투스	멤브레인	499	1,039	735	593
10	올인원미디어	무선	멤브레인	469	494	816	593
11	레트로48	무선	멤브레인	455	439	1,405	766
12			멤브레인 최대값				918
13			멤브레인 평균	445	827	1,005	
14	케이660	유선	광축	996	1,332	411	913
15	씨케이800	유선	광축	1,061	461	470	664
16	리줌Z35	블루투스	광축	1,438	1,052	491	994
17			광축 최대값				994
18			광축 평균	1,165	948	457	
19			전체 최대값				994
20			전체 평균	828	797	665	
21							

처리조건

▶ 데이터를 '종류' 기준으로 내림차순 정렬하시오.

▶ 아래 조건에 맞는 부분합을 작성하시오.
　– '종류'로 그룹화하여 '20대', '30대', '40대'의 평균을 구하는 부분합을 만드시오.
　– '종류'로 그룹화하여 '평균'의 최대값을 구하는 부분합을 만드시오.
　　(새로운 값으로 대치하지 말 것)
　– [D3:G20] 영역에 셀 서식의 표시형식–숫자를 이용하여 1000단위 구분 기호를 표시하시오.

▶ D~F열을 선택하여 그룹을 설정하시오.

▶ 평균과 최대값 부분합의 순서는 ≪ 출력형태 ≫와 다를 수 있음

▶ 지시사항이 없는 경우는 기본 값을 적용하시오.

문제 ③ "필터"와 "시나리오" 시트를 참조하여 다음《 처리조건 》에 맞도록 작업하시오.　60점

1 필터

출력형태 - 필터

	A	B	C	D	E	F	G
1							
2	제품명	구분	종류	20대	30대	40대	평균
3	해커K590	유선	적축	1,108	408	491	669
4	크래프트	블루투스	멤브레인	355	1,337	1,063	918
5	케이83	무선	적축	713	1,138	403	751
6	케이70	유선	적축	1,188	272	364	608
7	케이660	유선	광축	996	1,332	411	913
8	케이380	블루투스	멤브레인	499	1,039	735	593
9	올인원미디어	무선	멤브레인	469	494	816	593
10	씨케이800	유선	광축	1,061	461	470	664
11	리줌Z35	블루투스	광축	1,438	1,052	491	994
12	레트로48	무선	멤브레인	455	439	1,405	766
13							
14	조건						
15	FALSE						
16							
17							
18	제품명	구분	20대	30대	40대		
19	크래프트	블루투스	355	1,337	1,063		
20	레트로48	무선	455	439	1,405		
21							

처리조건

▶ "필터" 시트의 [A2:G12]를 아래 조건에 맞게 고급필터를 사용하여 작성하시오.

- '종류'가 "멤브레인"이고 '40대'가 1000 이상인 데이터를 '제품명', '구분', '20대', '30대', '40대'의 데이터만 필터링 하시오.
- 조건 위치 : 조건 함수는 [A15] 한 셀에 작성(AND 함수 이용)
- 결과 위치 : [A18]부터 출력

▶ 지시사항이 없는 경우는 ≪ 출력형태 - 필터 ≫와 동일하게 작성하시오.

② 시나리오

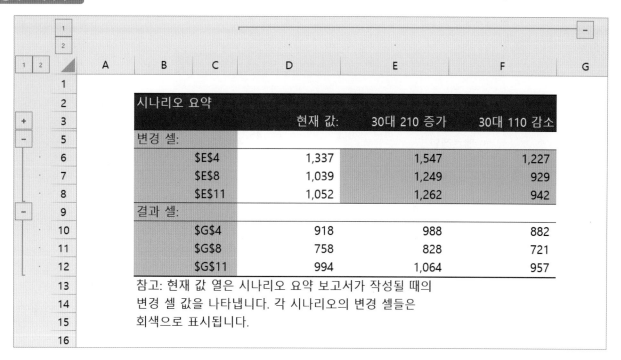

처리조건

▶ "시나리오" 시트의 [A2:G12]를 이용하여 '구분'이 "블루투스"인 경우, '30대'가 변동할 때 '평균'이 변동하는 가상 분석(시나리오)을 작성하시오.

- 시나리오1 : 시나리오 이름은 "30대 210 증가", '30대'에 210을 증가시킨 값 설정.
- 시나리오2 : 시나리오 이름은 "30대 110 감소", '30대'에 110을 감소시킨 값 설정.
- "시나리오 요약" 시트를 작성하시오.

▶ 지시사항이 없는 경우는 ≪ 출력형태 – 시나리오 ≫와 동일하게 작성하시오.

문제 ④ **"피벗테이블" 시트를 참조하여 다음《 처리조건 》에 맞도록 작업하시오.** 30점

출력형태

	A	B	C	D
1				
2				
3			구분 ⬆	
4	종류 ▾	값	무선	유선
5	광축	평균 : 20대	**	1,029
6		평균 : 30대	**	897
7	멤브레인	평균 : 20대	462	**
8		평균 : 30대	467	**
9	적축	평균 : 20대	713	1,148
10		평균 : 30대	1,138	340
11	전체 평균 : 20대		546	1,088
12	전체 평균 : 30대		690	618
13				

처리조건

▶ "피벗테이블" 시트의 [A2:G12]를 이용하여 새로운 시트에 ≪ 출력형태 ≫와 같이 피벗테이블을 작성 후 시트명을 "피벗테이블 정답"으로 수정하시오.

▶ 종류(행)와 구분(열)을 기준으로 하여 출력형태와 같이 구하시오.
   – '20대', '30대'의 평균을 구하시오.
   – 피벗 테이블 옵션을 이용하여 레이블이 있는 셀 병합 및 가운데 맞춤하고, 빈 셀을 "**"로 표시한 후, 행의 총 합계를 감추기 하시오.
   – 피벗 테이블 디자인에서 보고서 레이아웃은 '테이블 형식으로 표시', 피벗 테이블 스타일은 '피벗 스타일 보통 9'로 표시하시오.
   – 구분(열)은 "무선", "유선"만 출력되도록 표시하시오.
   – [C5:D12] 데이터는 셀 서식의 표시형식–숫자를 이용하여 1000단위 구분 기호를 표시하고, 오른쪽 맞춤하시오.

▶ 종류의 순서는 ≪ 출력형태 ≫와 다를 수 있음

▶ 지시사항이 없는 경우는 ≪ 출력형태 ≫와 동일하게 작성하시오.

문제 5 "차트" 시트를 참조하여 다음 《 처리조건 》에 맞도록 작업하시오. 30점

출력형태

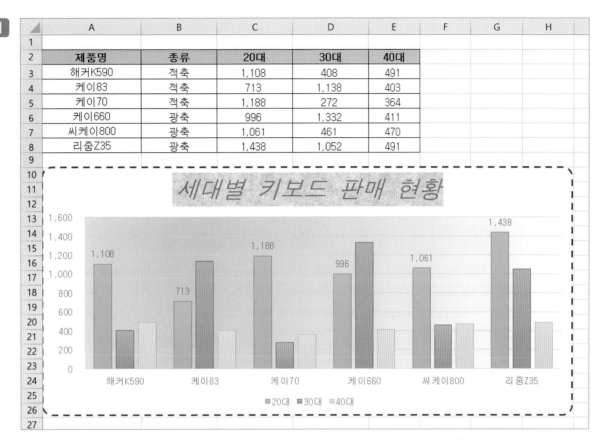

제품명	종류	20대	30대	40대
해커K590	적축	1,108	408	491
케이83	적축	713	1,138	403
케이70	적축	1,188	272	364
케이660	광축	996	1,332	411
씨케이800	광축	1,061	461	470
리줌Z35	광축	1,438	1,052	491

처리조건

▶ "차트" 시트에 주어진 표를 이용하여 '묶은 세로 막대형' 차트를 작성하시오.
 – 데이터 범위 : 현재 시트 [A2:A8], [C2:E8]의 데이터를 이용하여 작성하고, 행/열 전환은 '열'로 지정
 – 차트 제목("세대별 키보드 판매 현황")
 – 범례 위치 : 아래쪽
 – 차트 스타일 : 색 변경(색상형 – 색 4, 스타일 5)
 – 차트 위치 : 현재 시트에 [A10:H26] 크기에 정확하게 맞추시오.
 – 차트 영역 서식 : 글꼴(굴림체, 10pt), 테두리 색(실선, 색 : 자주),
  테두리 스타일(너비 : 2pt, 겹선 종류 : 단순형, 대시 종류 : 파선, 둥근 모서리)
 – 차트 제목 서식 : 글꼴(돋움체, 24pt, 기울임꼴), 채우기(그림 또는 질감 채우기, 질감 : 꽃다발)
 – 그림 영역 서식 : 채우기(그라데이션 채우기, 그라데이션 미리 설정 : 밝은 그라데이션 – 강조 1, 종류 : 선형,
  방향 : 선형 왼쪽)
 – 데이터 레이블 추가 : '20대' 계열에 "값" 표시

▶ 지시사항이 없는 경우는 《 출력형태 》와 동일하게 작성하시오.

제11회 실전모의고사

MS Office 2016 버전용

C

- 시험과목 : 스프레드시트(엑셀)
- 시험일자 : 20XX. XX. XX(X)
- 응시자 기재사항 및 감독위원 확인

수 검 번 호	DIS – XXXX –	감독위원 확인
성 명		

응시자 유의사항

1. 응시자는 신분증을 지참하여야 시험에 응시할 수 있으며, 시험이 종료될 때까지 신분증을 제시하지 못 할 경우 해당 시험은 0점 처리됩니다.

2. 시스템(PC작동여부, 네트워크 상태 등)의 이상여부를 반드시 확인하여야 하며, 시스템 이상이 있을시 감독위원에게 조치를 받으셔야 합니다.

3. 시험 중 부주의 또는 고의로 시스템을 파손한 경우는 응시자 부담으로 합니다.

4. 답안 전송 프로그램을 통해 다운로드 받은 파일을 이용하여 답안파일을 작성하시기 바랍니다.

5. 작성한 답안 파일은 답안 전송 프로그램을 통하여 전송됩니다. 감독위원의 지시에 따라 주시기 바랍니다.

6. 다음사항의 경우 실격(0점) 혹은 부정행위 처리됩니다.

   1) 답안파일을 저장하지 않았거나, 저장한 파일이 손상되었을 경우

   2) 답안파일을 지정된 폴더(바탕화면 – "KAIT" 폴더)에 저장하지 않았을 경우

      ※ 답안 전송 프로그램 로그인 시 바탕화면에 자동 생성됨

   3) 답안파일을 다른 보조 기억장치(USB) 혹은 네트워크(메신저, 게시판 등)로 전송할 경우

   4) 휴대용 전화기 등 통신기기를 사용할 경우

7. 시험지에 제시된 글꼴이 응시 프로그램에 없는 경우, 반드시 감독위원에게 해당 내용을 통보한 뒤 조치를 받아야 합니다.

8. 시험의 완료는 작성이 완료된 답안을 저장하고, 답안 전송이 완료된 상태를 확인한 것으로 합니다. 답안 전송 확인 후 문제지는 감독위원에게 제출한 후 퇴실하여야 합니다.

9. 답안전송이 완료된 경우에는 수정 또는 정정이 불가능합니다.

10. 시험시행 후 합격자 발표는 홈페이지(www.ihd.or.kr)에서 확인하시기 바랍니다.

    1) 문제 및 모범답안 공개 : 20XX. XX. XX(X)

    2) 합격자 발표 : 20XX. XX. XX(X)

식별CODE

Korea Association for ICT promotion
한국정보통신진흥협회 **KAIT**

문제 1 "강좌 현황" 시트를 참조하여 다음《 처리조건 》에 맞도록 작업하시오. 50점

출력형태

분류	강좌명	강사명	개설시간	수강인원	수강료	강사료	순위	비고
공예	도자기	배종기	주간	30	100,000	3,000,000	4	인기 강좌
플라워	화원	이하나	야간	26	250,000	6,500,000	6	
플라워	캔들	한명희	야간	17	130,000	2,210,000	9	
바느질	펠트	정준호	주간	19	200,000	3,800,000	8	
바느질	홈패션	김상경	주간	35	170,000	5,950,000	2	인기 강좌
공예	라탄	정수경	주간	28	80,000	2,240,000	5	
플라워	생화 트리	이다희	야간	34	75,000	2,550,000	3	인기 강좌
서예	명언 쓰기	임선옥	야간	10	50,000	500,000	10	
서예	기본학습	함소원	주간	60	25,000	1,500,000	1	인기 강좌
플라워	자이언트	정예린	야간	25	230,000	5,750,000	7	
'분류'가 "공예"인 '강사료'의 합계				5,240,000원				
'수강료'의 최대값-최소값 차이				225,000원				
'강사료' 중 다섯 번째로 큰 값				3,000,000원				

제목: **개발인력센터 강좌 현황**

처리조건

▶ 1행의 행 높이를 '80'으로 설정하고, 2행~15행의 행 높이를 '18'로 설정하시오.

▶ 제목("개발인력센터 강좌 현황") : 기본 도형의 '육각형'을 이용하여 입력하시오.
  – 도형 : 위치([B1:H1]), 도형 스타일(테마 스타일 – 미세 효과 – '파랑, 강조 5')
  – 글꼴 : 바탕, 28pt, 밑줄
  – 도형 서식 : 도형 옵션 – 크기 및 속성(텍스트 상자(세로 맞춤 : 정가운데, 텍스트 방향 : 가로))

▶ 셀 서식을 아래 조건에 맞게 작성하시오.
  – [A2:I15] : 테두리(안쪽, 윤곽선 모두 실선, '검정, 텍스트 1'), 전체 가운데 맞춤
  – [A13:D13], [A14:D14], [A15:D15] : 각각 병합하고 가운데 맞춤
  – [A2:I2], [A13:D15] : 채우기 색('파랑, 강조 5, 60% 더 밝게'), 글꼴(굵게)
  – [D3:D12] : 셀 서식의 표시형식–사용자 지정을 이용하여 @"간"자를 추가
  – [F3:G12] : 셀 서식의 표시형식–숫자를 이용하여 1000단위 구분 기호 표시
  – [E13:G15] : 셀 서식의 표시형식–사용자 지정을 이용하여 #,##0"원"자를 추가
  – 조건부 서식[A3:I12] : '수강료'가 200000 이상인 경우 레코드 전체에 글꼴(진한 빨강, 굵게) 적용
  – 지시사항이 없는 경우는 주어진 문제파일의 서식을 그대로 사용하시오.

▶ ① 순위[H3:H12] : '수강인원'을 기준으로 큰 순으로 '순위'를 구하시오. **(RANK 함수)**
▶ ② 비고[I3:I12] : '수강인원'이 30명 이상이면 "인기 강좌", 그렇지 않으면 공백을 구하시오. **(IF 함수)**
▶ ③ 합계[E13:G13] : '분류'가 "공예"인 '강사료'의 합계를 구하시오. **(DSUM 함수)**
▶ ④ 최대값–최소값[E14:G14] : '수강료'의 최대값과 최소값의 차이를 구하시오. **(MAX, MIN 함수)**
▶ ⑤ 다섯 번째로 큰 값[E15:G15] : '강사료' 중 다섯 번째로 큰 값을 구하시오. **(LARGE 함수)**

문제 2 **"부분합"** 시트를 참조하여 다음 《 처리조건 》에 맞도록 작업하시오. 30점

출력형태

분류	강좌명	강사명	개설시간	수강인원	수강료	강사료
공예	도자기	배종기	주간	30	100,000	3,000,000
공예	라탄	정수경	주간	28	80,000	2,240,000
공예 최대값					100,000	3,000,000
공예 평균				29	90,000	
바느질	펠트	정준호	주간	19	200,000	3,800,000
바느질	홈패션	김상경	주간	35	170,000	5,950,000
바느질 최대값					200,000	5,950,000
바느질 평균				27	185,000	
서예	명언 쓰기	임선옥	야간	10	50,000	500,000
서예	기본학습	함소원	주간	60	25,000	1,500,000
서예 최대값					50,000	1,500,000
서예 평균				35	37,500	
플라워	화원	이하나	야간	26	250,000	6,500,000
플라워	캔들	한명희	야간	17	130,000	2,210,000
플라워	생화 트리	이다희	야간	34	75,000	2,550,000
플라워	자이언트	정예린	야간	25	230,000	5,750,000
플라워 최대값					250,000	6,500,000
플라워 평균				25.5	171,250	
전체 최대값					250,000	6,500,000
전체 평균				28.4	131,000	

처리조건

▶ 데이터를 '분류' 기준으로 오름차순 정렬하시오.

▶ 아래 조건에 맞는 부분합을 작성하시오.
  – '분류'로 그룹화 하여 '수강인원', '수강료'의 평균을 구하는 부분합을 만드시오.
  – '분류'로 그룹화 하여 '수강료', '강사료'의 최대값을 구하는 부분합을 만드시오.
    (새로운 값으로 대치하지 말 것)
  – [F3:G22] 영역에 셀 서식의 표시형식–숫자를 이용하여 1000단위 구분 기호를 표시하시오.

▶ D~E열을 선택하여 그룹을 설정하시오.

▶ 평균과 최대값 부분합의 순서는 ≪ 출력형태 ≫와 다를 수 있음

▶ 지시사항이 없는 경우는 기본 값을 적용하시오.

문제 ③ "필터"와 "시나리오" 시트를 참조하여 다음《 처리조건 》에 맞도록 작업하시오.   60점

1 필터

`출력형태 - 필터`

	A	B	C	D	E	F	G
1							
2	분류	강좌명	강사명	개설시간	수강인원	수강료	강사료
3	공예	도자기	배종기	주간	30	100,000	3,000,000
4	플라워	화원	이하나	야간	26	250,000	6,500,000
5	플라워	캔들	한명희	야간	17	130,000	2,210,000
6	바느질	펠트	정준호	주간	19	200,000	3,800,000
7	바느질	홈패션	김상경	주간	35	170,000	5,950,000
8	공예	라탄	정수경	주간	28	80,000	2,240,000
9	플라워	생화 트리	이다희	야간	34	75,000	2,550,000
10	서예	명언 쓰기	임선옥	야간	10	50,000	500,000
11	서예	기본학습	함소원	주간	60	25,000	1,500,000
12	플라워	자이언트	정예린	야간	25	230,000	5,750,000
13							
14	조건						
15	FALSE						
16							
17							
18	강좌명	강사명	수강료	강사료			
19	화원	이하나	250,000	6,500,000			
20	생화 트리	이다희	75,000	2,550,000			
21	자이언트	정예린	230,000	5,750,000			
22							

`처리조건`

▶ "필터" 시트의 [A2:G12]를 아래 조건에 맞게 고급필터를 사용하여 작성하시오.
   – '분류'가 "플라워"이면서 '수강인원'이 20 이상인 데이터를 '강좌명', '강사명', '수강료', '강사료'의 데이터만
    필터링 하시오.
   – 조건 위치 : 조건 함수는 [A15] 한 셀에 작성(AND 함수 이용)
   – 결과 위치 : [A18]부터 출력

▶ 지시사항이 없는 경우는 ≪ 출력형태 – 필터 ≫와 동일하게 작성하시오.

2 시나리오

출력형태 – 시나리오

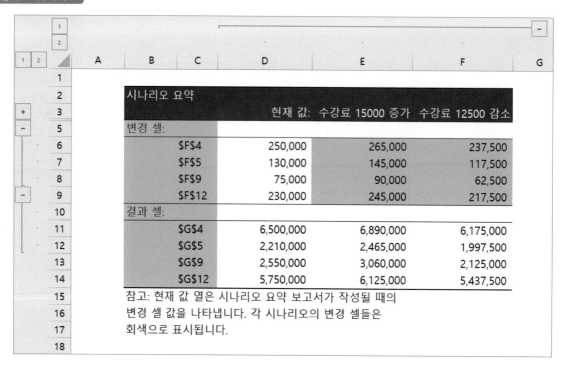

처리조건

▶ "시나리오" 시트의 [A2:G12]를 이용하여 '분류'가 "플라워"인 경우, '수강료'가 변동할 때 '강사료'가 변동하는 가상분석(시나리오)을 작성하시오.

  – 시나리오1 : 시나리오 이름은 "수강료 15000 증가", '수강료'에 15000을 증가시킨 값 설정.
  – 시나리오2 : 시나리오 이름은 "수강료 12500 감소", '수강료'에 12500을 감소시킨 값 설정.
  – "시나리오 요약" 시트를 작성하시오.

▶ 지시사항이 없는 경우는 ≪ 출력형태 – 시나리오 ≫와 동일하게 작성하시오.

문제 4 **"피벗테이블" 시트를 참조하여 다음《 처리조건 》에 맞도록 작업하시오.**   30점

출력형태

	A	B	C	D
1				
2				
3			분류 ▾	
4	강좌명 ▼	값	서예	플라워
5	기본학습	평균 : 수강료	25,000	*
6		평균 : 강사료	1,500,000	*
7	자이언트	평균 : 수강료	*	230,000
8		평균 : 강사료	*	5,750,000
9	캔들	평균 : 수강료	*	130,000
10		평균 : 강사료	*	2,210,000
11	전체 평균 : 수강료		25,000	180,000
12	전체 평균 : 강사료		1,500,000	3,980,000
13				

처리조건

▶ "피벗테이블" 시트의 [A2:G12]를 이용하여 새로운 시트에 ≪ 출력형태 ≫와 같이 피벗테이블을 작성 후 시트명을 "피벗테이블 정답"으로 수정하시오.

▶ 강좌명(행)과 분류(열)를 기준으로 하여 출력형태와 같이 구하시오.
  – '수강료', '강사료'의 평균을 구하시오.
  – 피벗 테이블 옵션을 이용하여 레이블이 있는 셀 병합 및 가운데 맞춤하고 빈 셀을 "*"로 표시한 후, 행의 총합 계를 감추기 하시오.
  – 피벗 테이블 디자인에서 보고서 레이아웃은 '테이블 형식으로 표시', 피벗 테이블 스타일은 '피벗 스타일 보통 10'으로 표시하시오.
  – 강좌명(행)은 "기본학습", "자이언트", "캔들"만 출력되도록 표시하시오.
  – [C5:D12] 데이터는 셀 서식의 표시형식-숫자를 이용하여 1000단위 구분 기호를 표시하고, 가운데 맞춤하시오.

▶ 강좌명의 순서는 ≪ 출력형태 ≫와 다를 수 있음

▶ 지시사항이 없는 경우는 ≪ 출력형태 ≫와 동일하게 작성하시오.

문제 **5** "차트" 시트를 참조하여 다음《 처리조건 》에 맞도록 작업하시오.   30점

출력형태

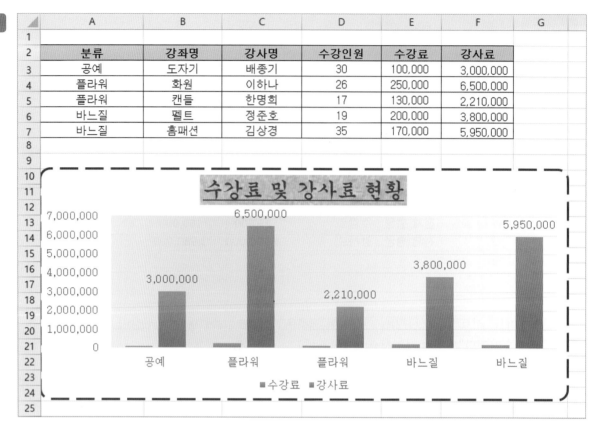

	A	B	C	D	E	F	G
1							
2	분류	강좌명	강사명	수강인원	수강료	강사료	
3	공예	도자기	배종기	30	100,000	3,000,000	
4	플라워	화원	이하나	26	250,000	6,500,000	
5	플라워	캔들	한명회	17	130,000	2,210,000	
6	바느질	펠트	정준호	19	200,000	3,800,000	
7	바느질	홈패션	김상경	35	170,000	5,950,000	

처리조건

▶ "차트" 시트에 주어진 표를 이용하여 '묶은 세로 막대형' 차트를 작성하시오.
　– 데이터 범위 : 현재 시트 [A2:A7], [E2:F7]의 데이터를 이용하여 작성하고, 행/열 전환은 '열'로 지정
　– 차트 제목("수강료 및 강사료 현황")
　– 범례 위치 : 아래쪽
　– 차트 스타일 : 색 변경(색상형 – 색 1, 스타일 6)
　– 차트 위치 : 현재 시트에 [A10:G24] 크기에 정확하게 맞추시오.
　– 차트 영역 서식 : 글꼴(바탕, 11pt), 테두리 색(실선, 색 : 자주),
　　　　　　　　　　테두리 스타일(너비 : 2.25pt, 겹선 종류 : 단순형, 대시 종류 : 긴 파선, 둥근 모서리)
　– 차트 제목 서식 : 글꼴(궁서, 20pt, 밑줄), 채우기(그림 또는 질감 채우기, 질감 : 분홍 박엽지)
　– 그림 영역 서식 : 채우기(그라데이션 채우기, 그라데이션 미리 설정 : 밝은 그라데이션 – 강조 4, 종류 : 선형,
　　　　　　　　　　방향 : 선형 왼쪽)
　– 데이터 레이블 추가 : '강사료' 계열에 "값" 표시

▶ 지시사항이 없는 경우는 ≪ 출력형태 ≫와 동일하게 작성하시오.

제12회 실전모의고사

MS Office 2016 버전용

- 시험과목 : 스프레드시트(엑셀)
- 시험일자 : 20XX. XX. XX(X)
- 응시자 기재사항 및 감독위원 확인

수 검 번 호	DIS – XXXX –	감독위원 확인
성 명		

응시자 유의사항

1. 응시자는 신분증을 지참하여야 시험에 응시할 수 있으며, 시험이 종료될 때까지 신분증을 제시하지 못 할 경우 해당 시험은 0점 처리됩니다.

2. 시스템(PC작동여부, 네트워크 상태 등)의 이상여부를 반드시 확인하여야 하며, 시스템 이상이 있을시 감독위원에게 조치를 받으셔야 합니다.

3. 시험 중 부주의 또는 고의로 시스템을 파손한 경우는 응시자 부담으로 합니다.

4. 답안 전송 프로그램을 통해 다운로드 받은 파일을 이용하여 답안파일을 작성하시기 바랍니다.

5. 작성한 답안 파일은 답안 전송 프로그램을 통하여 전송됩니다. 감독위원의 지시에 따라 주시기 바랍니다.

6. 다음사항의 경우 실격(0점) 혹은 부정행위 처리됩니다.

   1) 답안파일을 저장하지 않았거나, 저장한 파일이 손상되었을 경우

   2) 답안파일을 지정된 폴더(바탕화면 – "KAIT" 폴더)에 저장하지 않았을 경우

      ※ 답안 전송 프로그램 로그인 시 바탕화면에 자동 생성됨

   3) 답안파일을 다른 보조 기억장치(USB) 혹은 네트워크(메신저, 게시판 등)로 전송할 경우

   4) 휴대용 전화기 등 통신기기를 사용할 경우

7. 시험지에 제시된 글꼴이 응시 프로그램에 없는 경우, 반드시 감독위원에게 해당 내용을 통보한 뒤 조치를 받아야 합니다.

8. 시험의 완료는 작성이 완료된 답안을 저장하고, 답안 전송이 완료된 상태를 확인한 것으로 합니다. 답안 전송 확인 후 문제지는 감독위원에게 제출한 후 퇴실하여야 합니다.

9. 답안전송이 완료된 경우에는 수정 또는 정정이 불가능합니다.

10. 시험시행 후 합격자 발표는 홈페이지(www.ihd.or.kr)에서 확인하시기 바랍니다.

    1) 문제 및 모범답안 공개 : 20XX. XX. XX(X)

    2) 합격자 발표 : 20XX. XX. XX(X)

식별CODE

Korea Association for ICT promotion
한국정보통신진흥협회 KAIT

문 제 **1** "차량유지비 현황" 시트를 참조하여 다음《 처리조건 》에 맞도록 작업하시오. 50점

출력형태

차량번호	배기량	구분	보험료	연료비	포인트	유지비용	순위	비고
				차량유지비 현황				
1016	790	준중형	110,000	50,400	21,500	160,400	5위	연료비 과다
4375	820	준중형	110,000	70,470	32,000	180,470	1위	연료비 과다
6102	1800	준대형	150,000	62,250	24,000	212,250	4위	연료비 과다
7100	1300	준대형	150,000	48,720	25,000	198,720	3위	
4622	1450	경승용	100,000	12,640	28,000	112,640	2위	
5024	1830	경승용	100,000	37,410	18,000	137,410	8위	
1155	2500	준대형	150,000	12,640	19,000	162,640	7위	
9412	3000	준중형	110,000	46,980	20,000	156,980	6위	
9294	5000	준대형	150,000	37,920	15,000	187,920	10위	
3292	2500	경승용	100,000	42,600	16,000	142,600	9위	
'구분'이 "준중형"인 '보험료'의 평균				110,000원				
'연료비'의 최대값-최소값 차이				57,830원				
'포인트' 중 세 번째로 큰 값				25,000원				

처리조건

▶ 1행의 행 높이를 '80'으로 설정하고, 2행~15행의 행 높이를 '18'로 설정하시오.

▶ 제목("차량유지비 현황") : 별 및 현수막의 '이중 물결'을 이용하여 입력하시오.
  – 도형 : 위치([B1:H1]), 도형 스타일(테마 스타일 – 미세 효과 – '녹색, 강조 6')
  – 글꼴 : 굴림체, 28pt, 밑줄
  – 도형 서식 : 도형 옵션 – 크기 및 속성(텍스트 상자(세로 맞춤 : 정가운데, 텍스트 방향 : 가로))

▶ 셀 서식을 아래 조건에 맞게 작성하시오.
  – [A2:I15] : 테두리(안쪽, 윤곽선 모두 실선, '검정, 텍스트 1'), 전체 가운데 맞춤
  – [A13:D13], [A14:D14], [A15:D15] : 각각 병합하고 가운데 맞춤
  – [A2:I2], [A13:D15] : 채우기 색('녹색, 강조 6, 60% 더 밝게'), 글꼴(굵게)
  – [H3:H12] : 셀 서식의 표시형식–사용자 지정을 이용하여 #"위"자를 추가
  – [D3:G12] : 셀 서식의 표시형식–숫자를 이용하여 1000단위 구분 기호 표시
  – [E13:G15] : 셀 서식의 표시형식–사용자 지정을 이용하여 #,##0"원"자를 추가
  – 조건부 서식[A3:I12] : '포인트'가 25000 이상인 경우 레코드 전체에 글꼴(파랑, 굵게) 적용
  – 지시사항이 없는 경우는 주어진 문제파일의 서식을 그대로 사용하시오.

▶ ① 순위[H3:H12] : '포인트'를 기준으로 큰 순으로 '순위'를 구하시오. **(RANK 함수)**
▶ ② 비고[I3:I12] : '연료비'가 50000 이상이면 "연료비 과다", 그렇지 않으면 공백을 구하시오. **(IF 함수)**
▶ ③ 평균[E13:G13] : '구분'이 "준중형"인 '보험료'의 평균를 구하시오. **(DAVERAGE 함수)**
▶ ④ 최대값-최소값[E14:G14] : '연료비'의 최대값과 최소값의 차이를 구하시오. **(MAX, MIN 함수)**
▶ ⑤ 세 번째로 큰 값[E15:G15] : '포인트' 중 세 번째로 큰 값을 구하시오. **(LARGE 함수)**

문제 **2**   "부분합" 시트를 참조하여 다음 《 처리조건 》에 맞도록 작업하시오.   30점

출력형태

	A	B	C	D	E	F	G	H
1								
2	차량번호	배기량	구분	보험료	연료비	포인트	유지비용	
3	1016	790	준중형	110,000	50,400	21,500	160,400	
4	4375	820	준중형	110,000	70,470	32,000	180,470	
5	9412	3000	준중형	110,000	46,980	20,000	156,980	
6			준중형 요약			73,500	497,850	
7			준중형 평균	110,000	55,950			
8	6102	1800	준대형	150,000	62,250	24,000	212,250	
9	7100	1300	준대형	150,000	48,720	25,000	198,720	
10	1155	2500	준대형	150,000	12,640	19,000	162,640	
11	9294	5000	준대형	150,000	37,920	15,000	187,920	
12			준대형 요약			83,000	761,530	
13			준대형 평균	150,000	40,383			
14	4622	1450	경승용	100,000	12,640	28,000	112,640	
15	5024	1830	경승용	100,000	37,410	18,000	137,410	
16	3292	2500	경승용	100,000	42,600	16,000	142,600	
17			경승용 요약			62,000	392,650	
18			경승용 평균	100,000	30,883			
19			총합계			218,500	1,652,030	
20			전체 평균	123,000	42,203			

처리조건

▶ 데이터를 '구분' 기준으로 내림차순 정렬하시오.

▶ 아래 조건에 맞는 부분합을 작성하시오.
　 – '구분'으로 그룹화 하여 '보험료', '연료비'의 평균을 구하는 부분합을 만드시오.
　 – '구분'으로 그룹화 하여 '포인트', '유지비용'의 합계(요약)를 구하는 부분합을 만드시오.
　　 (새로운 값으로 대치하지 말 것)
　 – [D3:G20] 영역에 셀 서식의 표시형식–숫자를 이용하여 1000단위 구분 기호를 표시하시오.

▶ D~G열을 선택하여 그룹을 설정하시오.

▶ 평균과 합계(요약) 부분합의 순서는 ≪ 출력형태 ≫와 다를 수 있음

▶ 지시사항이 없는 경우는 기본 값을 적용하시오.

문제 ③ "필터"와 "시나리오" 시트를 참조하여 다음 《 처리조건 》에 맞도록 작업하시오. 60점

1 필터

출력형태 – 필터

	A	B	C	D	E	F	G
1							
2	차량번호	배기량	구분	보험료	연료비	포인트	유지비용
3	1016	790	준중형	110,000	50,400	21,500	160,400
4	4375	820	준중형	110,000	70,470	32,000	180,470
5	6102	1800	준대형	150,000	62,250	24,000	212,250
6	7100	1300	준대형	150,000	48,720	25,000	198,720
7	4622	1450	경승용	100,000	12,640	28,000	112,640
8	5024	1830	경승용	100,000	37,410	18,000	137,410
9	1155	2500	준대형	150,000	12,640	19,000	162,640
10	9412	3000	준중형	110,000	46,980	20,000	156,980
11	9294	5000	준대형	150,000	37,920	15,000	187,920
12	3292	2500	경승용	100,000	42,600	16,000	142,600
13							
14	조건						
15	FALSE						
16							
17							
18	차량번호	보험료	연료비	포인트			
19	4375	110,000	70,470	32,000			
20	6102	150,000	62,250	24,000			
21	7100	150,000	48,720	25,000			
22	1155	150,000	12,640	19,000			
23	9294	150,000	37,920	15,000			
24							

처리조건

▶ "필터" 시트의 [A2:G12]를 아래 조건에 맞게 고급필터를 사용하여 작성하시오.
 – '구분'이 "준대형"이거나 '포인트'가 30000 이상인 데이터를 '차량번호', '보험료', '연료비', '포인트'의 데이터만 필터링 하시오.
 – 조건 위치 : 조건 함수는 [A15] 한 셀에 작성(OR 함수 이용)
 – 결과 위치 : [A18]부터 출력

▶ 지시사항이 없는 경우는 ≪ 출력형태 – 필터 ≫와 동일하게 작성하시오.

② 시나리오

출력형태 – 시나리오

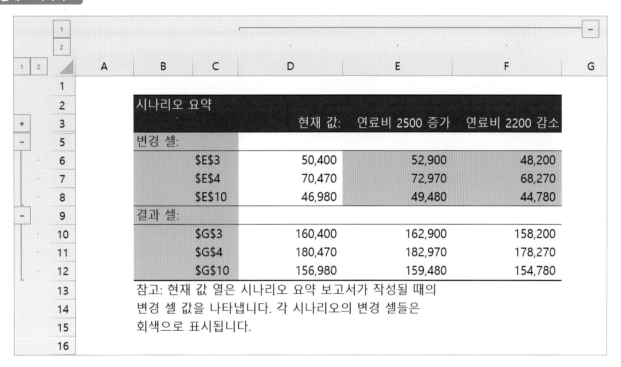

처리조건

▶ "시나리오" 시트의 [A2:G12]를 이용하여 '구분'이 "준중형"인 경우, '연료비'가 변동할 때 '유지비용'이 변동하는 가상분석(시나리오)을 작성하시오.

 – 시나리오1 : 시나리오 이름은 "연료비 2500 증가", '연료비'에 2500을 증가시킨 값 설정.
 – 시나리오2 : 시나리오 이름은 "연료비 2200 감소", '연료비'에 2200을 감소시킨 값 설정.
 – "시나리오 요약" 시트를 작성하시오.

▶ 지시사항이 없는 경우는 ≪ 출력형태 – 시나리오 ≫와 동일하게 작성하시오.

문제 4 "피벗테이블" 시트를 참조하여 다음《 처리조건 》에 맞도록 작업하시오. 30점

출력형태

배기량	값	구분 경승용	준대형	준중형	총합계
790	평균 : 보험료	*	*	110,000	110,000
790	평균 : 연료비	*	*	50,400	50,400
1300	평균 : 보험료	*	150,000	*	150,000
1300	평균 : 연료비	*	48,720	*	48,720
2500	평균 : 보험료	100,000	150,000	*	125,000
2500	평균 : 연료비	42,600	12,640	*	27,620
3000	평균 : 보험료	*	*	110,000	110,000
3000	평균 : 연료비	*	*	46,980	46,980

처리조건

▶ "피벗테이블" 시트의 [A2:G12]를 이용하여 새로운 시트에 ≪ 출력형태 ≫와 같이 피벗테이블을 작성 후 시트명을 "피벗테이블 정답"으로 수정하시오.

▶ 배기량(행)과 구분(열)을 기준으로 하여 출력형태와 같이 구하시오.
  – '보험료', '연료비'의 평균을 구하시오.
  – 피벗 테이블 옵션을 이용하여 레이블이 있는 셀 병합 및 가운데 맞춤하고 빈 셀을 "*"로 표시한 후, 열의 총합계를 감추기 하시오.
  – 피벗 테이블 디자인에서 보고서 레이아웃은 '테이블 형식으로 표시', 피벗 테이블 스타일은 '피벗 스타일 보통 14'로 표시하시오.
  – 배기량(행)은 "790", "1300", "2500", "3000"만 출력되도록 표시하시오.
  – [C5:F12] 데이터는 셀 서식의 표시형식–숫자를 이용하여 1000단위 구분 기호를 표시하고, 가운데 맞춤하시오.

▶ 배기량의 순서는 ≪ 출력형태 ≫와 다를 수 있음

▶ 지시사항이 없는 경우는 ≪ 출력형태 ≫와 동일하게 작성하시오.

문제 5 "차트" 시트를 참조하여 다음 《 처리조건 》에 맞도록 작업하시오.   30점

출력형태

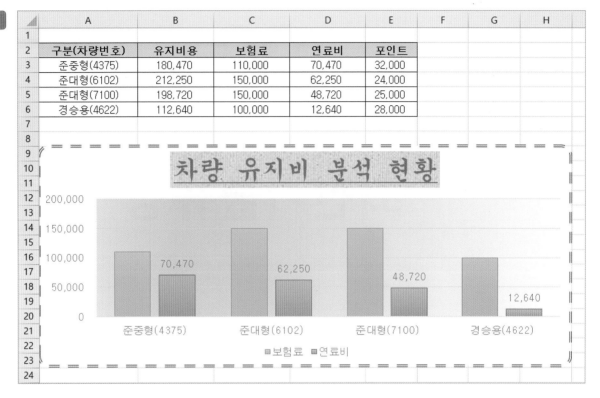

처리조건

▶ "차트" 시트에 주어진 표를 이용하여 '묶은 세로 막대형' 차트를 작성하시오.

   – 데이터 범위 : 현재 시트 [A2:A6], [C2:D6]의 데이터를 이용하여 작성하고, 행/열 전환은 '열'로 지정

   – 차트 제목("차량 유지비 분석 현황")

   – 범례 위치 : 아래쪽

   – 차트 스타일 : 색 변경(색상형 – 색 4, 스타일 5)

   – 차트 위치 : 현재 시트에 [A9:H23] 크기에 정확하게 맞추시오.

   – 차트 영역 서식 : 글꼴(굴림, 11pt), 테두리 색(실선, 색 : 파랑),

                              테두리 스타일(너비 : 2.75pt, 겹선 종류 : 이중, 대시 종류 : 파선, 둥근 모서리)

   – 차트 제목 서식 : 글꼴(궁서체, 26pt, 밑줄), 채우기(그림 또는 질감 채우기, 질감 : 재생지)

   – 그림 영역 서식 : 채우기(그라데이션 채우기, 그라데이션 미리 설정 : 밝은 그라데이션 – 강조 6, 종류 : 선형,

                             방향 : 선형 왼쪽)

   – 데이터 레이블 추가 : '연료비' 계열에 "값" 표시

▶ 지시사항이 없는 경우는 ≪ 출력형태 ≫와 동일하게 작성하시오.

PART

03

최신기출유형

CONTENTS

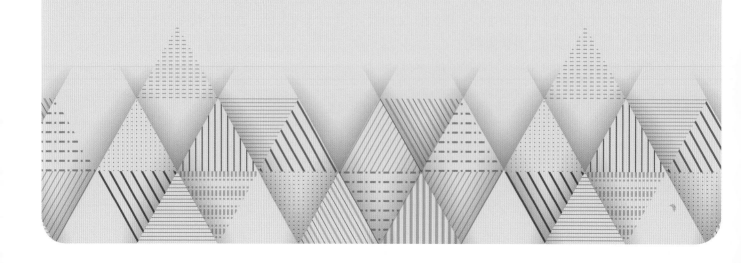

- ● 시험과목 : 스프레드시트(엑셀)
- ● 시험일자 : 20XX. XX. XX(X)
- ● 응시자 기재사항 및 감독위원 확인

수 검 번 호	DIS – XXXX –	감독위원 확인
성 명		

응시자 유의사항

1. 응시자는 신분증을 지참하여야 시험에 응시할 수 있으며, 시험이 종료될 때까지 신분증을 제시하지 못 할 경우 해당 시험은 0점 처리됩니다.

2. 시스템(PC작동여부, 네트워크 상태 등)의 이상여부를 반드시 확인하여야 하며, 시스템 이상이 있을시 감독위원에게 조치를 받으셔야 합니다.

3. 시험 중 부주의 또는 고의로 시스템을 파손한 경우는 응시자 부담으로 합니다.

4. 답안 전송 프로그램을 통해 다운로드 받은 파일을 이용하여 답안파일을 작성하시기 바랍니다.

5. 작성한 답안 파일은 답안 전송 프로그램을 통하여 전송됩니다. 감독위원의 지시에 따라 주시기 바랍니다.

6. 다음사항의 경우 실격(0점) 혹은 부정행위 처리됩니다.

    1) 답안파일을 저장하지 않았거나, 저장한 파일이 손상되었을 경우

    2) 답안파일을 지정된 폴더(바탕화면 – "KAIT" 폴더)에 저장하지 않았을 경우

        ※ 답안 전송 프로그램 로그인 시 바탕화면에 자동 생성됨

    3) 답안파일을 다른 보조 기억장치(USB) 혹은 네트워크(메신저, 게시판 등)로 전송할 경우

    4) 휴대용 전화기 등 통신기기를 사용할 경우

7. 시험지에 제시된 글꼴이 응시 프로그램에 없는 경우, 반드시 감독위원에게 해당 내용을 통보한 뒤 조치를 받아야 합니다.

8. 시험의 완료는 작성이 완료된 답안을 저장하고, 답안 전송이 완료된 상태를 확인한 것으로 합니다. 답안 전송 확인 후 문제지는 감독위원에게 제출한 후 퇴실하여야 합니다.

9. 답안전송이 완료된 경우에는 수정 또는 정정이 불가능합니다.

10. 시험시행 후 합격자 발표는 홈페이지(www.ihd.or.kr)에서 확인하시기 바랍니다.

    1) 문제 및 모범답안 공개 : 20XX. XX. XX(X)

    2) 합격자 발표 : 20XX. XX. XX(X)

식별CODE

Korea Association for ICT promotion
한국정보통신진흥협회 **KAIT**

문제 **1** "수입현황" 시트를 참조하여 다음《 처리조건 》에 맞도록 작업하시오. 　　50점

출력형태

	A	B	C	D	E	F	G	H	I
1				열대어 수입현황					
2	이름	종류	원산지	단가	2012년	2013년	2014년	순위	비고
3	옐로우 구피	구피	남아메리카	2,000원	1,264	1,321	1,378	2위	
4	바나나	시클리드	말라위	3,000원	1,364	1,265	1,345	5위	
5	안시롱핀	메기	북아메리카	4,500원	1,254	1,354	1,385	1위	고가
6	네온블루 구피	구피	동남아시아	2,500원	1,345	1,264	1,368	3위	
7	블루제브라	시클리드	말라위	3,200원	1,387	1,267	1,298	7위	
8	진주린	잉어	동남아시아	5,000원	1,389	1,312	1,347	4위	고가
9	코리하스타투스	메기	북아메리카	4,500원	1,345	1,298	1,301	6위	고가
10	플라밍고 구피	구피	남아메리카	3,800원	1,245	1,278	1,288	8위	
11	수마트라	잉어	동남아시아	2,900원	1,269	1,245	1,237	10위	
12	화이트니그로	시클리드	말라위	3,800원	1,245	1,289	1,274	9위	
13	'2013년' 중 두 번째로 큰 값				1321				
14	'원산지'가 "남아메리카"인 '단가'의 평균				2,900원				
15	'단가'의 최대값-최소값 차이				3,000원				
16									

처리조건

▶ 1행의 행 높이를 '80'으로 설정하고, 2행~15행의 행 높이를 '18'로 설정하시오.

▶ 제목("열대어 수입현황") : 기본 도형의 '원통'을 이용하여 입력하시오.
　– 도형 : 위치([B1:H1]), 도형 스타일(테마 스타일 – 미세 효과 – '주황, 강조 2')
　– 글꼴 : 궁서체, 24pt, 기울임꼴
　– 도형 서식 : 도형 옵션 – 크기 및 속성(텍스트 상자(세로 맞춤 : 정가운데, 텍스트 방향 : 가로))

▶ 셀 서식을 아래 조건에 맞게 작성하시오.
　– [A2:I15] : 테두리(안쪽, 윤곽선 모두 실선, '검정, 텍스트 1'), 전체 가운데 맞춤
　– [A13:D13], [A14:D14], [A15:D15] : 각각 병합하고 가운데 맞춤
　– [A2:I2], [A13:D15] : 채우기 색('파랑, 강조 1, 40% 더 밝게'), 글꼴(굵게)
　– [E3:G12] : 셀 서식의 표시 형식–숫자를 이용하여 1000단위 구분 기호 표시
　– [H3:H12] : 셀 서식의 표시 형식–사용자 지정을 이용하여 #"위"자를 추가
　– [D3:D12], [E14:G15] : 셀 서식의 표시 형식–사용자 지정을 이용하여 #,##0"원"자를 추가
　– 조건부 서식[A3:I12] : '종류'가 "시클리드"인 경우 레코드 전체에 글꼴(빨강, 굵은 기울임꼴) 적용
　– 지시사항이 없는 경우는 주어진 문제파일의 서식을 그대로 사용하시오.

▶ ① 순위[H3:H12] : '2014년'을 기준으로 큰 순으로 순위를 구하시오. **(RANK 함수)**
▶ ② 비고[I3:I12] : '단가'가 4000 이상이면 "고가", 그렇지 않으면 공백으로 구하시오. **(IF 함수)**
▶ ③ 두 번째로 큰 값[E13:G13] : '2013년' 중 두 번째로 큰 값을 구하시오. **(LARGE 함수)**
▶ ④ 평균[E14:G14] : '원산지'가 "남아메리카"인 '단가'의 평균을 구하시오. **(DAVERAGE 함수)**
▶ ⑤ 최대값–최소값[E15:G15] : '단가'의 최대값과 최소값의 차이를 구하시오. **(MAX, MIN 함수)**

문제 2　"부분합" 시트를 참조하여 다음 《 처리조건 》에 맞도록 작업하시오.　　30점

출력형태

	이름	종류	원산지	단가	2012년	2013년	2014년
3	옐로우 구피	구피	남아메리카	2,000	1,264	1,321	1,378
4	플라밍고 구피	구피	남아메리카	3,800	1,245	1,278	1,288
5			**남아메리카 최대값**		1,264	1,321	1,378
6			**남아메리카 평균**	2,900			1,333
7	네온블루 구피	구피	동남아시아	2,500	1,345	1,264	1,368
8	진주린	잉어	동남아시아	5,000	1,389	1,312	1,347
9	수마트라	잉어	동남아시아	2,900	1,269	1,245	1,237
10			**동남아시아 최대값**		1,389	1,312	1,368
11			**동남아시아 평균**	3,467			1,317
12	바나나	시클리드	말라위	3,000	1,364	1,265	1,345
13	블루제브라	시클리드	말라위	3,200	1,387	1,267	1,298
14	화이트니그로	시클리드	말라위	3,800	1,245	1,289	1,274
15			**말라위 최대값**		1,387	1,289	1,345
16			**말라위 평균**	3,333			1,306
17	안시롱핀	메기	북아메리카	4,500	1,254	1,354	1,385
18	코리하스타투스	메기	북아메리카	4,500	1,345	1,298	1,301
19			**북아메리카 최대값**		1,345	1,354	1,385
20			**북아메리카 평균**	4,500			1,343
21			**전체 최대값**		1,389	1,354	1,385
22			**전체 평균**	3,520			1,322

처리조건

▶ 데이터를 '원산지' 기준으로 오름차순 정렬하시오.

▶ 아래 조건에 맞는 부분합을 작성하시오.
- '원산지'로 그룹화 하여 '단가', '2014년'의 평균을 구하는 부분합을 만드시오.
- '원산지'로 그룹화 하여 '2012년', '2013년', '2014년'의 최대값을 구하는 부분합을 만드시오. (새로운 값으로 대치하지 말 것)
- [D3:G22] 영역에 셀 서식의 표시 형식-숫자를 이용하여 1000단위 구분 기호를 표시하시오.

▶ E~F열을 선택하여 그룹을 설정하시오.

▶ 평균과 최대값 부분합의 순서는 《 출력형태 》와 다를 수 있음

▶ 지시사항이 없는 경우는 기본 값을 적용하시오.

문제 3 "필터"와 "시나리오" 시트를 참조하여 다음 《 처리조건 》에 맞도록 작업하시오. 60점

1 필터

출력형태 - 필터

	A	B	C	D	E	F	G
1							
2	이름	종류	원산지	단가	2012년	2013년	2014년
3	옐로우 구피	구피	남아메리카	2,000	1,264	1,321	1,378
4	바나나	시클리드	말라위	3,000	1,364	1,265	1,345
5	안시롱핀	메기	북아메리카	4,500	1,254	1,354	1,385
6	네온블루 구피	구피	동남아시아	2,500	1,345	1,264	1,368
7	블루제브라	시클리드	말라위	3,200	1,387	1,267	1,298
8	진주린	잉어	동남아시아	5,000	1,389	1,312	1,347
9	코리하스타투스	메기	북아메리카	4,500	1,345	1,298	1,301
10	플라밍고 구피	구피	남아메리카	3,800	1,245	1,278	1,288
11	수마트라	잉어	동남아시아	2,900	1,269	1,245	1,237
12	화이트니그로	시클리드	말라위	3,800	1,245	1,289	1,274
13							
14	조건						
15	TRUE						
16							
17							
18	이름	원산지	단가	2013년	2014년		
19	옐로우 구피	남아메리카	2,000	1,321	1,378		
20	바나나	말라위	3,000	1,265	1,345		
21	네온블루 구피	동남아시아	2,500	1,264	1,368		
22	플라밍고 구피	남아메리카	3,800	1,278	1,288		
23	수마트라	동남아시아	2,900	1,245	1,237		
24							

처리조건

▶ "필터" 시트의 [A2:G12]를 아래 조건에 맞게 고급필터를 사용하여 작성하시오.
  – '종류'가 "구피"이거나 '단가'가 3000 이하인 데이터를 '이름', '원산지', '단가', '2013년', '2014년'의 데이터만 필터링 하시오.
  – 조건 위치 : 조건 함수는 [A15] 한 셀에 작성(OR 함수 이용)
  – 결과 위치 : [A18]부터 출력

▶ 지시사항이 없는 경우는 ≪ 출력형태 – 필터 ≫와 동일하게 작성하시오.

② 시나리오

출력형태 – 시나리오

		현재 값:	2014년 274 증가	2014년 318 감소
시나리오 요약				
변경 셀:				
	G8	1,345	1,619	1,027
	G9	1,298	1,572	980
	G10	1,274	1,548	956
결과 셀:				
	H8	1,325	1,416	1,219
	H9	1,317	1,409	1,211
	H10	1,269	1,361	1,163

참고: 현재 값 열은 시나리오 요약 보고서가 작성될 때의
변경 셀 값을 나타냅니다. 각 시나리오의 변경 셀들은
회색으로 표시됩니다.

처리조건

▶ "시나리오" 시트의 [A2:H12]를 이용하여 '종류'가 "시클리드"인 경우, '2014년'이 변동할 때 '수입량평균'이 변동하는 가상분석(시나리오)을 작성하시오.

    – 시나리오1 : 시나리오 이름은 "2014년 274 증가", '2014년'에 274를 증가시킨 값 설정.
    – 시나리오2 : 시나리오 이름은 "2014년 318 감소", '2014년'에 318을 감소시킨 값 설정.
    – "시나리오 요약" 시트를 작성하시오.

▶ 지시사항이 없는 경우는 ≪ 출력형태 – 시나리오 ≫와 동일하게 작성하시오.

문제 4 "피벗테이블" 시트를 참조하여 다음 《 처리조건 》에 맞도록 작업하시오.　30점

출력형태

	A	B	C	D	E
1					
2					
3			원산지 ⊾		
4	종류 ▾	값	남아메리카	동남아시아	말라위
5	구피	최대값 : 2012년	1,264	1,345	**
6		최대값 : 2013년	1,321	1,264	**
7		최대값 : 2014년	1,378	1,368	**
8	시클리드	최대값 : 2012년	**	**	1,387
9		최대값 : 2013년	**	**	1,289
10		최대값 : 2014년	**	**	1,345
11	잉어	최대값 : 2012년	**	1,389	**
12		최대값 : 2013년	**	1,312	**
13		최대값 : 2014년	**	1,347	**
14	전체 최대값 : 2012년		1,264	1,389	1,387
15	전체 최대값 : 2013년		1,321	1,312	1,289
16	전체 최대값 : 2014년		1,378	1,368	1,345
17					

처리조건

▶ "피벗테이블" 시트의 [A2:G12]를 이용하여 새로운 시트에 《 출력형태 》와 같이 피벗테이블을 작성 후 시트명을 "피벗테이블 정답"으로 수정하시오.

▶ 종류(행)와 원산지(열)를 기준으로 하여 출력형태와 같이 구하시오.
  – '2012년', '2013년', '2014년'의 최대값을 구하시오.
  – 피벗 테이블 옵션을 이용하여 레이블이 있는 셀 병합 및 가운데 맞춤하고 빈 셀을 "**"로 표시한 후, 행의 총 합계를 감추기 하시오.
  – 피벗 테이블 디자인에서 보고서 레이아웃은 '테이블 형식으로 표시', 피벗 테이블 스타일은 '피벗 스타일 보통 6'으로 표시하시오.
  – 원산지(열)는 "남아메리카", "동남아시아", "말라위"만 출력되도록 표시하시오.
  – [C5:E16] 데이터는 셀 서식의 표시 형식–숫자를 이용하여 1000단위 구분 기호를 표시하고, 가운데 맞춤하시오.

▶ 종류의 순서는 《 출력형태 》와 다를 수 있음

▶ 지시사항이 없는 경우는 《 출력형태 》와 동일하게 작성하시오.

문제 5 "차트" 시트를 참조하여 다음 《 처리조건 》에 맞도록 작업하시오.   30점

출력형태

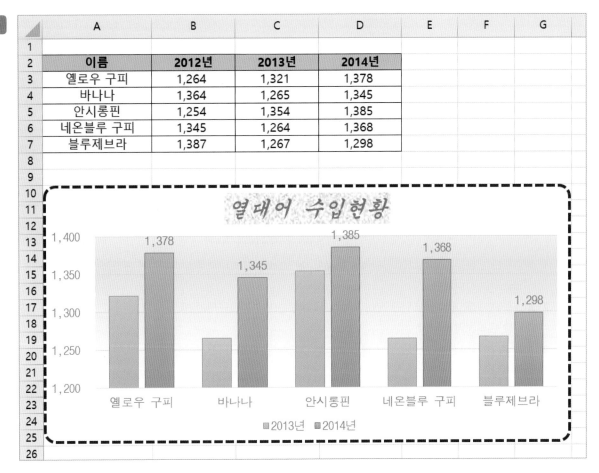

	이름	2012년	2013년	2014년
3	옐로우 구피	1,264	1,321	1,378
4	바나나	1,364	1,265	1,345
5	안시롱핀	1,254	1,354	1,385
6	네온블루 구피	1,345	1,264	1,368
7	블루제브라	1,387	1,267	1,298

처리조건

▶ "차트" 시트에 주어진 표를 이용하여 '묶은 세로 막대형' 차트를 작성하시오.

  – 데이터 범위 : 현재 시트 [A2:A7], [C2:D7]의 데이터를 이용하여 작성하고, 행/열 전환은 '열'로 지정

  – 차트 제목("열대어 수입현황")

  – 범례 위치 : 아래쪽

  – 차트 스타일 : 색 변경(색상형 – 색 4, 스타일 5)

  – 차트 위치 : 현재 시트에 [A10:G25] 크기에 정확하게 맞추시오.

  – 차트 영역 서식 : 글꼴(돋움체, 11pt), 테두리 색(실선, 색 : 진한 파랑),

                 테두리 스타일(너비 : 2.5pt, 겹선 종류 : 단순형, 대시 종류 : 사각 점선, 둥근 모서리)

  – 차트 제목 서식 : 글꼴(궁서체, 20pt, 기울임꼴), 채우기(그림 또는 질감 채우기, 질감 : 신문 용지)

  – 그림 영역 서식 : 채우기(그라데이션 채우기, 그라데이션 미리 설정 : 밝은 그라데이션 – 강조 4, 종류 : 선형,

                 방향 : 선형 위쪽)

  – 데이터 레이블 추가 : '2014년' 계열에 "값" 표시

▶ 지시사항이 없는 경우는 《 출력형태 》와 동일하게 작성하시오.

최신기출유형

MS Office 2016 버전용

- 시험과목 : 스프레드시트(엑셀)
- 시험일자 : 20XX. XX. XX(X)
- 응시자 기재사항 및 감독위원 확인

수 검 번 호	DIS – XXXX –	감독위원 확인
성 명		

응시자 유의사항

1. 응시자는 신분증을 지참하여야 시험에 응시할 수 있으며, 시험이 종료될 때까지 신분증을 제시하지 못 할 경우 해당 시험은 0점 처리됩니다.

2. 시스템(PC작동여부, 네트워크 상태 등)의 이상여부를 반드시 확인하여야 하며, 시스템 이상이 있을시 감독위원에게 조치를 받으셔야 합니다.

3. 시험 중 부주의 또는 고의로 시스템을 파손한 경우는 응시자 부담으로 합니다.

4. 답안 전송 프로그램을 통해 다운로드 받은 파일을 이용하여 답안파일을 작성하시기 바랍니다.

5. 작성한 답안 파일은 답안 전송 프로그램을 통하여 전송됩니다. 감독위원의 지시에 따라 주시기 바랍니다.

6. 다음사항의 경우 실격(0점) 혹은 부정행위 처리됩니다.

    1) 답안파일을 저장하지 않았거나, 저장한 파일이 손상되었을 경우

    2) 답안파일을 지정된 폴더(바탕화면 – "KAIT" 폴더)에 저장하지 않았을 경우

        ※ 답안 전송 프로그램 로그인 시 바탕화면에 자동 생성됨

    3) 답안파일을 다른 보조 기억장치(USB) 혹은 네트워크(메신저, 게시판 등)로 전송할 경우

    4) 휴대용 전화기 등 통신기기를 사용할 경우

7. 시험지에 제시된 글꼴이 응시 프로그램에 없는 경우, 반드시 감독위원에게 해당 내용을 통보한 뒤 조치를 받아야 합니다.

8. 시험의 완료는 작성이 완료된 답안을 저장하고, 답안 전송이 완료된 상태를 확인한 것으로 합니다. 답안 전송 확인 후 문제지는 감독위원에게 제출한 후 퇴실하여야 합니다.

9. 답안전송이 완료된 경우에는 수정 또는 정정이 불가능합니다.

10. 시험시행 후 합격자 발표는 홈페이지(www.ihd.or.kr)에서 확인하시기 바랍니다.

    1) 문제 및 모범답안 공개 : 20XX. XX. XX(X)

    2) 합격자 발표 : 20XX. XX. XX(X)

식별CODE

한국정보통신진흥협회 KAIT
Korea Association for ICT promotion

문 제 1 **"판매현황"** 시트를 참조하여 다음《 처리조건 》에 맞도록 작업하시오. 50점

출력형태

이름	제조사	사용구분	판매점수	1월	2월	3월	순위	비고
스틱변기솔	쓰리엠	화장실	1,875점	1,123	1,054	1,211	3위	
윈도우 스퀴지	뉴홈	실내	1,796점	1,245	1,164	1,247	5위	
압축기	리빙홈	화장실	1,564점	1,023	1,054	1,168	10위	
빗자루	뉴홈	실외	1,870점	1,378	1,286	1,342	4위	인기
극세사 걸레	뉴홈	실내	1,754점	1,268	1,165	1,268	6위	인기
바닥솔	리빙홈	화장실	1,684점	1,387	1,268	1,298	9위	인기
컴팩트 분무기	쓰리엠	실내	1,697점	1,156	1,121	1,221	8위	
대형쓰레기통	뉴홈	실외	1,712점	1,221	1,178	1,236	7위	
유리닦기	쓰리엠	실내	1,894점	1,147	1,131	1,247	2위	
빗자루세트	리빙홈	실내	1,923점	1,321	1,264	1,298	1위	인기
'3월'의 최대값-최소값 차이				174				
'사용구분'이 "화장실"인 '판매점수'의 합계				5,123점				
'2월' 중 두 번째로 작은 값				1,054				

처리조건

▶ 1행의 행 높이를 '80'으로 설정하고, 2행~15행의 행 높이를 '18'로 설정하시오.

▶ 제목("청소용품 판매현황") : 기본 도형의 '십자형'을 이용하여 입력하시오.
　– 도형 : 위치([B1:H1]), 도형 스타일(테마 스타일 – 미세 효과 – '파랑, 강조 1')
　– 글꼴 : 궁서체, 24pt, 기울임꼴
　– 도형 서식 : 도형 옵션 – 크기 및 속성(텍스트 상자(세로 맞춤 : 정가운데, 텍스트 방향 : 가로))

▶ 셀 서식을 아래 조건에 맞게 작성하시오.
　– [A2:I15] : 테두리(안쪽, 윤곽선 모두 실선, '검정, 텍스트 1'), 전체 가운데 맞춤
　– [A13:D13], [A14:D14], [A15:D15] : 각각 병합하고 가운데 맞춤
　– [A2:I2], [A13:D15] : 채우기 색('파랑, 강조 5, 40% 더 밝게'), 글꼴(굵게)
　– [E3:G12], [E15:G15] : 셀 서식의 표시 형식–숫자를 이용하여 1000단위 구분 기호 표시
　– [H3:H12] : 셀 서식의 표시 형식–사용자 지정을 이용하여 #"위"자를 추가
　– [D3:D12], [E14:G14] : 셀 서식의 표시 형식–사용자 지정을 이용하여 #,##0"점"자를 추가
　– 조건부 서식[A3:I12] : '판매점수'가 1800 이상인 경우 레코드 전체에 글꼴(빨강, 굵게) 적용
　– 지시사항이 없는 경우는 주어진 문제파일의 서식을 그대로 사용하시오.

▶ ① 순위[H3:H12] : '판매점수'를 기준으로 큰 순으로 순위를 구하시오. **(RANK 함수)**
▶ ② 비고[I3:I12] : '3월'이 1250 이상이면 "인기", 그렇지 않으면 공백으로 구하시오. **(IF 함수)**
▶ ③ 최대값-최소값[E13:G13] : '3월'의 최대값과 최소값의 차이를 구하시오. **(MAX, MIN 함수)**
▶ ④ 합계[E14:G14] : '사용구분'이 "화장실"인 '판매점수'의 합계를 구하시오. **(DSUM 함수)**
▶ ⑤ 두 번째로 작은 값[E15:G15] : '2월' 중 두 번째로 작은 값을 구하시오. **(SMALL 함수)**

문제 2 "부분합" 시트를 참조하여 다음《 처리조건 》에 맞도록 작업하시오.   30점

출력형태

	이름	제조사	사용구분	판매점수	1월	2월	3월
3	윈도우 스퀴지	뉴홈	실내	1,796	1,245	1,164	1,247
4	극세사 걸레	뉴홈	실내	1,754	1,268	1,165	1,268
5	컴팩트 분무기	쓰리엠	실내	1,697	1,156	1,121	1,221
6	유리닦기	쓰리엠	실내	1,894	1,147	1,131	1,247
7	빗자루세트	리빙홈	실내	1,923	1,321	1,264	1,298
8			실내 최대값		1,321	1,264	1,298
9			실내 평균	1,813			1,256
10	빗자루	뉴홈	실외	1,870	1,378	1,286	1,342
11	대형쓰레기통	뉴홈	실외	1,712	1,221	1,178	1,236
12			실외 최대값		1,378	1,286	1,342
13			실외 평균	1,791			1,289
14	스틱변기솔	쓰리엠	화장실	1,875	1,123	1,054	1,211
15	압축기	리빙홈	화장실	1,564	1,023	1,054	1,168
16	바닥솔	리빙홈	화장실	1,684	1,387	1,268	1,298
17			화장실 최대값		1,387	1,268	1,298
18			화장실 평균	1,708			1,226
19			전체 최대값		1,387	1,286	1,342
20			전체 평균	1,777			1,254

처리조건

▶ 데이터를 '사용구분' 기준으로 오름차순 정렬하시오.

▶ 아래 조건에 맞는 부분합을 작성하시오.
  – '사용구분'으로 그룹화 하여 '판매점수', '3월'의 평균을 구하는 부분합을 만드시오.
  – '사용구분'으로 그룹화 하여 '1월', '2월', '3월'의 최대값을 구하는 부분합을 만드시오.
    (새로운 값으로 대치하지 말 것)
  – [D3:G20] 영역에 셀 서식의 표시 형식–숫자를 이용하여 1000단위 구분 기호를 표시하시오.

▶ E~F열을 선택하여 그룹을 설정하시오.

▶ 평균과 최대값 부분합의 순서는 ≪ 출력형태 ≫와 다를 수 있음

▶ 지시사항이 없는 경우는 기본 값을 적용하시오.

문제 **3** "필터"와 "시나리오" 시트를 참조하여 다음 《 처리조건 》에 맞도록 작업하시오. 60점

1 필터

출력형태 – 필터

	A	B	C	D	E	F	G
1							
2	**이름**	**제조사**	**사용구분**	**판매점수**	**1월**	**2월**	**3월**
3	스틱변기솔	쓰리엠	화장실	1,875	1,123	1,054	1,211
4	윈도우 스퀴지	뉴홈	실내	1,796	1,245	1,164	1,247
5	압축기	리빙홈	화장실	1,564	1,023	1,054	1,168
6	빗자루	뉴홈	실외	1,870	1,378	1,286	1,342
7	극세사 걸레	뉴홈	실내	1,754	1,268	1,165	1,268
8	바닥솔	리빙홈	화장실	1,684	1,387	1,268	1,298
9	컴팩트 분무기	쓰리엠	실내	1,697	1,156	1,121	1,221
10	대형쓰레기통	뉴홈	실외	1,712	1,221	1,178	1,236
11	유리닦기	쓰리엠	실내	1,894	1,147	1,131	1,247
12	빗자루세트	리빙홈	실내	1,923	1,321	1,264	1,298
13							
14	**조건**						
15	TRUE						
16							
17							
18	**이름**	**제조사**	**판매점수**	**2월**	**3월**		
19	스틱변기솔	쓰리엠	1,875	1,054	1,211		
20	유리닦기	쓰리엠	1,894	1,131	1,247		
21	빗자루세트	리빙홈	1,923	1,264	1,298		
22							

처리조건

▶ "필터" 시트의 [A2:G12]를 아래 조건에 맞게 고급필터를 사용하여 작성하시오.
- '판매점수'가 180 이상이고 '3월'이 1300 이하인 데이터를 '이름', '제조사', '판매점수', '2월', '3월'의 데이터만 필터링 하시오.
- 조건 위치 : 조건 함수는 [A15] 한 셀에 작성(AND 함수 이용)
- 결과 위치 : [A18]부터 출력

▶ 지시사항이 없는 경우는 ≪ 출력형태 – 필터 ≫와 동일하게 작성하시오.

② 시나리오

출력형태 – 시나리오

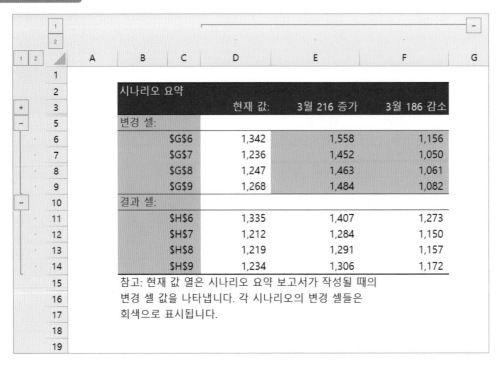

처리조건

▶ "시나리오" 시트의 [A2:H12]를 이용하여 '제조사'가 "뉴홈"인 경우, '3월'이 변동할 때 '평균'이 변동하는 가상분석 (시나리오)을 작성하시오.

- 시나리오1 : 시나리오 이름은 "3월 216 증가", '3월'에 216을 증가시킨 값 설정.
- 시나리오2 : 시나리오 이름은 "3월 186 감소", '3월'에 186을 감소시킨 값 설정.
- "시나리오 요약" 시트를 작성하시오.

▶ 지시사항이 없는 경우는 ≪ 출력형태 – 시나리오 ≫와 동일하게 작성하시오.

문제 4 "피벗테이블" 시트를 참조하여 다음《 처리조건 》에 맞도록 작업하시오.   30점

출력형태

	A	B	C	D	E
1					
2					
3			제조사 ⬛		
4	사용구분 ⬛	값	뉴홈	리빙홈	총합계
5		평균 : 1월	1,257	1,321	1,278
6	실내	평균 : 2월	1,165	1,264	1,198
7		평균 : 3월	1,258	1,298	1,271
8		평균 : 1월	1,300	***	1,300
9	실외	평균 : 2월	1,232	***	1,232
10		평균 : 3월	1,289	***	1,289
11		평균 : 1월	***	1,205	1,205
12	화장실	평균 : 2월	***	1,161	1,161
13		평균 : 3월	***	1,233	1,233
14					

처리조건

▶ "피벗테이블" 시트의 [A2:G12]를 이용하여 새로운 시트에 ≪ 출력형태 ≫와 같이 피벗테이블을 작성 후 시트명을 "피벗테이블 정답"으로 수정하시오.

▶ 사용구분(행)과 제조사(열)를 기준으로 하여 출력형태와 같이 구하시오.
 – '1월', '2월', '3월'의 평균을 구하시오.
 – 피벗 테이블 옵션을 이용하여 레이블이 있는 셀 병합 및 가운데 맞춤하고 빈 셀을 "***"로 표시한 후, 열의 총 합계를 감추기 하시오.
 – 피벗 테이블 디자인에서 보고서 레이아웃은 '테이블 형식으로 표시', 피벗 테이블 스타일은 '피벗 스타일 어둡게 13'으로 표시하시오.
 – 제조사(열)는 "뉴홈", "리빙홈"만 출력되도록 표시하시오.
 – [C5:E13] 데이터는 셀 서식의 표시 형식-숫자를 이용하여 1000단위 구분 기호 표시하고, 가운데 맞춤하시오.

▶ 사용구분의 순서는 ≪ 출력형태 ≫와 다를 수 있음

▶ 지시사항이 없는 경우는 ≪ 출력형태 ≫와 동일하게 작성하시오.

문제 **5** "차트" 시트를 참조하여 다음 《 처리조건 》에 맞도록 작업하시오.   30점

출력형태

처리조건

▶ "차트" 시트에 주어진 표를 이용하여 '묶은 세로 막대형' 차트를 작성하시오.

   – 데이터 범위 : 현재 시트 [A2:A7], [C2:D7]의 데이터를 이용하여 작성하고, 행/열 전환은 '열'로 지정

   – 차트 제목("청소용품 판매현황")

   – 범례 위치 : 위쪽

   – 차트 스타일 : 색 변경(색상형 – 색 3, 스타일 5)

   – 차트 위치 : 현재 시트에 [A10:G25] 크기에 정확하게 맞추시오.

   – 차트 영역 서식 : 글꼴(돋움체, 10pt), 테두리 색(실선, 색 : 자주),

                     테두리 스타일(너비 : 2.25pt, 겹선 종류 : 단순형, 대시 종류 : 파선, 둥근 모서리)

   – 차트 제목 서식 : 글꼴(궁서체, 20pt, 기울임꼴), 채우기(그림 또는 질감 채우기, 질감 : 편지지)

   – 그림 영역 서식 : 채우기(그라데이션 채우기, 그라데이션 미리 설정 : 밝은 그라데이션 – 강조 4, 종류 : 선형,

                     방향 : 선형 위쪽)

   – 데이터 레이블 추가 : '3월' 계열에 "값" 표시

▶ 지시사항이 없는 경우는 ≪ 출력형태 ≫와 동일하게 작성하시오.

제03회 최신기출유형

MS Office 2016 버전용

- 시험과목 : 스프레드시트(엑셀)
- 시험일자 : 20XX. XX. XX(X)
- 응시자 기재사항 및 감독위원 확인

수 검 번 호	DIS - XXXX -	감독위원 확인
성 명		

식별CODE

Korea Association for ICT promotion
한국정보통신진흥협회 **KAIT**

문제 1 "상품 판매 현황" 시트를 참조하여 다음 《 처리조건 》에 맞도록 작업하시오. 　50점

출력형태

	A	B	C	D	E	F	G	H	I
1				상품 판매 현황					
2	상품코드	상품명	상품 분류	판매량	금액	할인액	판매금액	순위	비고
3	ABC-01	포도씨유	식용유	17	212,500	25,500	187,000	5위	
4	CFG-01	유기농 감미료	조미료	13	119,600	14,352	105,248	9위	
5	ABC-02	올리브유	식용유	44	642,400	77,088	565,312	3위	판매우수
6	ABC-03	해바라기유	식용유	20	182,000	21,840	160,160	6위	
7	CFG-02	즉석 참기름	조미료	34	751,400	90,168	661,232	1위	
8	FSD-01	헤이즐럿커피	커피류	39	522,600	62,712	459,888	4위	판매우수
9	CFG-03	천일염 섬소금	조미료	34	64,600	7,752	56,848	10위	
10	FSD-02	카푸치노	커피류	22	173,800	20,856	152,944	7위	
11	FSD-03	아메리카노	커피류	23	678,500	81,420	597,080	2위	
12	ABC-04	카놀라유	식용유	36	162,000	19,440	142,560	8위	판매우수
13	'상품 분류'가 "식용유"인 '판매금액'의 평균				263,758원				
14	'할인액'의 최대값-최소값 차이				82,416원				
15	'판매금액' 중 두 번째로 큰 값				597,080원				
16									

처리조건

▶ 1행의 행 높이를 '80'으로 설정하고, 2행~15행의 행 높이를 '18'로 설정하시오.

▶ 제목("상품 판매 현황") : 순서도의 '순서도: 문서'를 이용하여 입력하시오.
　– 도형 : 위치([B1:H1]), 도형 스타일(테마 스타일 – 미세 효과 – '주황, 강조 2')
　– 글꼴 : 궁서체, 28pt, 기울임꼴
　– 도형 서식 : 도형 옵션 – 크기 및 속성(텍스트 상자(세로 맞춤 : 정가운데, 텍스트 방향 : 가로))

▶ 셀 서식을 아래 조건에 맞게 작성하시오.
　– [A2:I15] : 테두리(안쪽, 윤곽선 모두 실선, '검정, 텍스트 1'), 전체 가운데 맞춤
　– [A13:D13], [A14:D14], [A15:D15] : 각각 병합하고 가운데 맞춤
　– [A2:I2], [A13:D15] : 채우기 색('녹색, 강조 6, 60% 더 밝게'), 글꼴(굵게)
　– [H3:H12] : 셀 서식의 표시형식–사용자 지정을 이용하여 #"위"자를 추가
　– [E3:G12] : 셀 서식의 표시형식–숫자를 이용하여 1000단위 구분 기호 표시
　– [E13:G15] : 셀 서식의 표시형식–사용자 지정을 이용하여 #,##0"원"자를 추가
　– 조건부 서식[A3:I12] : '판매금액'이 450000 이상인 경우 레코드 전체에 글꼴(빨강, 굵게) 적용
　– 지시사항이 없는 경우는 주어진 문제파일의 서식을 그대로 사용하시오.

▶ ① 순위[H3:H12] : '판매금액'을 기준으로 큰 순으로 '순위'를 구하시오. **(RANK 함수)**
▶ ② 비고[I3:I12] : '판매량'이 35 이상이면 "판매우수", 그렇지 않으면 공백을 구하시오. **(IF 함수)**
▶ ③ 평균[E13:G13] : '상품 분류'가 "식용유"인 '판매금액'의 평균을 구하시오. **(DAVERAGE 함수)**
▶ ④ 최대값-최소값[E14:G14] : '할인액'의 최대값과 최소값의 차이를 구하시오. **(MAX, MIN 함수)**
▶ ⑤ 두 번째로 큰 값[E15:G15] : '판매금액' 중 두 번째로 큰 값을 구하시오. **(LARGE 함수)**

문제 2 "부분합" 시트를 참조하여 다음 《 처리조건 》에 맞도록 작업하시오. 　30점

출력형태

	A	B	C	D	E	F	G	H
1								
2	상품코드	상품명	상품 분류	판매량	금액	할인액	판매금액	
3	FSD-01	헤이즐럿커피	커피류	39	522,600	62,712	459,888	
4	FSD-02	카푸치노	커피류	22	173,800	20,856	152,944	
5	FSD-03	아메리카노	커피류	23	678,500	81,420	597,080	
6			커피류 요약	84	1,374,900			
7			커피류 평균			54,996	403,304	
8	CFG-01	유기농 감미료	조미료	13	119,600	14,352	105,248	
9	CFG-02	즉석 참기름	조미료	34	751,400	90,168	661,232	
10	CFG-03	천일염 섬소금	조미료	34	64,600	7,752	56,848	
11			조미료 요약	81	935,600			
12			조미료 평균			37,424	274,443	
13	ABC-01	포도씨유	식용유	17	212,500	25,500	187,000	
14	ABC-02	올리브유	식용유	44	642,400	77,088	565,312	
15	ABC-03	해바라기유	식용유	20	182,000	21,840	160,160	
16	ABC-04	카놀라유	식용유	36	162,000	19,440	142,560	
17			식용유 요약	117	1,198,900			
18			식용유 평균			35,967	263,758	
19			총합계	282	3,509,400			
20			전체 평균			42,113	308,827	
21								

처리조건

▶ 데이터를 '상품 분류' 기준으로 내림차순 정렬하시오.

▶ 아래 조건에 맞는 부분합을 작성하시오.
- '상품 분류'로 그룹화 하여 '할인액', '판매금액'의 평균을 구하는 부분합을 만드시오.
- '상품 분류'로 그룹화 하여 '판매량', '금액'의 합계(요약)를 구하는 부분합을 만드시오.
  (새로운 값으로 대치하지 말 것)
- [E3:G20] 영역에 셀 서식의 표시형식-숫자를 이용하여 1000단위 구분 기호를 표시하시오.

▶ E~G열을 선택하여 그룹을 설정하시오.

▶ 평균과 합계(요약) 부분합의 순서는 《출력형태》와 다를 수 있음

▶ 지시사항이 없는 경우는 기본 값을 적용하시오.

문제 3 "필터"와 "시나리오" 시트를 참조하여 다음 《 처리조건 》에 맞도록 작업하시오. 60점

1 필터

출력형태 – 필터

	A	B	C	D	E	F	G
1							
2	상품코드	상품명	상품 분류	판매량	금액	할인액	판매금액
3	ABC-01	포도씨유	식용유	17	212,500	25,500	187,000
4	CFG-01	유기농 감미료	조미료	13	119,600	14,352	105,248
5	ABC-02	올리브유	식용유	44	642,400	77,088	565,312
6	ABC-03	해바라기유	식용유	20	182,000	21,840	160,160
7	CFG-02	즉석 참기름	조미료	34	751,400	90,168	661,232
8	FSD-01	헤이즐럿커피	커피류	39	522,600	62,712	459,888
9	CFG-03	천일염 섬소금	조미료	34	64,600	7,752	56,848
10	FSD-02	카푸치노	커피류	22	173,800	20,856	152,944
11	FSD-03	아메리카노	커피류	23	678,500	81,420	597,080
12	ABC-04	카놀라유	식용유	36	162,000	19,440	142,560
13							
14	조건						
15	FALSE						
16							
17							
18	상품코드	상품명	판매량	판매금액			
19	ABC-02	올리브유	44	565,312			
20	ABC-03	해바라기유	20	160,160			
21	ABC-04	카놀라유	36	142,560			
22							

처리조건

▶ "필터" 시트의 [A2:G12]를 아래 조건에 맞게 고급필터를 사용하여 작성하시오.
  – '상품 분류'가 "식용유"이면서 '판매량'이 20이상인 데이터를 '상품코드', '상품명', '판매량', '판매금액'의 데이터만 필터링 하시오.
  – 조건 위치 : 조건 함수는 [A15] 한 셀에 작성(AND 함수 이용)
  – 결과 위치 : [A18]부터 출력

▶ 지시사항이 없는 경우는 ≪출력형태 – 필터≫와 동일하게 작성하시오.

② 시나리오

출력형태 – 시나리오

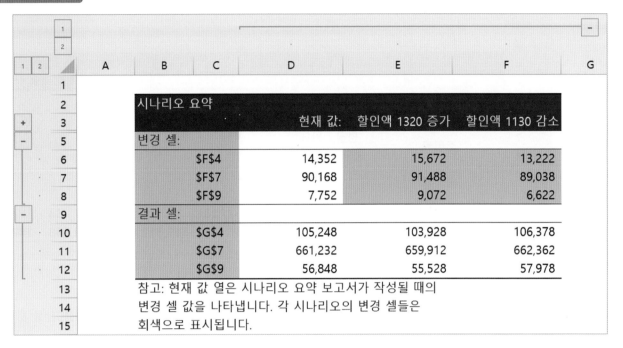

처리조건

▶ "시나리오" 시트의 [A2:G12]를 이용하여 '상품 분류'가 "조미료"인 경우, '할인액'이 변동할 때 '판매금액'이 변동하는 가상분석(시나리오)을 작성하시오.

    – 시나리오1 : 시나리오 이름은 "할인액 1320 증가", '할인액'에 1320을 증가시킨 값 설정.
    – 시나리오1 : 시나리오 이름은 "할인액 1130 감소", '할인액'에 1130을 감소시킨 값 설정.
    – "시나리오 요약" 시트를 작성하시오.

▶ 지시사항이 없는 경우는 ≪출력형태 – 시나리오≫와 동일하게 작성하시오.

문제 **4** "피벗테이블" 시트를 참조하여 다음《 처리조건 》에 맞도록 작업하시오. 30점

출력형태

	A	B	C	D	E	F
1						
2						
3			상품명 🔽			
4	상품 분류 🔽	값	아메리카노	올리브유	천일염 섬소금	포도씨유
5	식용유	평균 : 판매량	***	44	***	17
6		평균 : 판매금액	***	565,312	***	187,000
7	조미료	평균 : 판매량	***	***	34	***
8		평균 : 판매금액	***	***	56,848	***
9	커피류	평균 : 판매량	23	***	***	***
10		평균 : 판매금액	597,080	***	***	***
11	전체 평균 : 판매량		23	44	34	17
12	전체 평균 : 판매금액		597,080	565,312	56,848	187,000
13						

처리조건

▶ "피벗테이블" 시트의 [A2:G12]를 이용하여 새로운 시트에 ≪출력형태≫와 같이 피벗테이블을 작성 후 시트명을 "피벗테이블 정답"으로 수정하시오.

▶ 상품 분류(행)와 상품명(열)을 기준으로 하여 출력형태와 같이 구하시오.
  – '판매량', '판매금액'의 평균을 구하시오.
  – 피벗 테이블 옵션을 이용하여 레이블이 있는 셀 병합 및 가운데 맞춤하고 빈 셀을 "***"로 표시한 후, 행의 총합계를 감추기 하시오.
  – 피벗 테이블 디자인에서 보고서 레이아웃은 '테이블 형식으로 표시', 피벗 테이블 스타일은 피벗 스타일 보통 13'으로 표시하시오.
  – 상품명(열)은 "아메리카노", "올리브유", "천일염 섬소금", "포도씨유"만 출력되도록 표시하시오.
  – [C5:F12] 데이터는 셀 서식의 표시형식–숫자를 이용하여 1000단위 구분 기호를 표시하고, 가운데 맞춤하시오.

▶ 상품 분류의 순서는 ≪출력형태≫와 다를 수 있음

▶ 지시사항이 없는 경우는 ≪출력형태≫와 동일하게 작성하시오.

문제 5 "차트" 시트를 참조하여 다음《 처리조건 》에 맞도록 작업하시오.   30점

출력형태

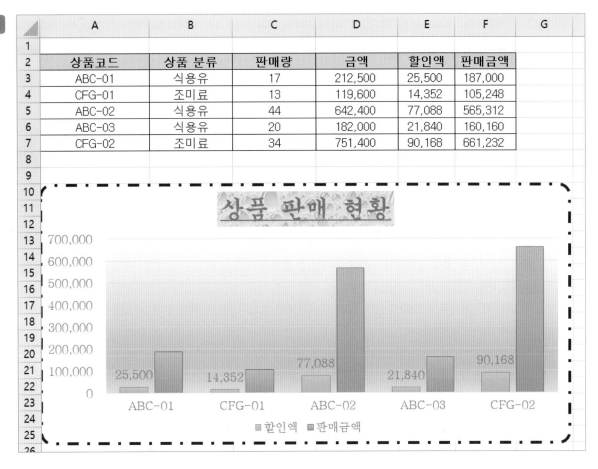

	A	B	C	D	E	F	G
1							
2	상품코드	상품 분류	판매량	금액	할인액	판매금액	
3	ABC-01	식용유	17	212,500	25,500	187,000	
4	CFG-01	조미료	13	119,600	14,352	105,248	
5	ABC-02	식용유	44	642,400	77,088	565,312	
6	ABC-03	식용유	20	182,000	21,840	160,160	
7	CFG-02	조미료	34	751,400	90,168	661,232	

처리조건

▶ "차트" 시트에 주어진 표를 이용하여 '묶은 세로 막대형' 차트를 작성하시오.
 – 데이터 범위 : 현재 시트 [A2:A7], [E2:F7]의 데이터를 이용하여 작성하고, 행/열 전환은 '열'로 지정
 – 차트 제목("상품 판매 현황")
 – 범례 위치 : 아래쪽
 – 차트 스타일 : 색 변경(색상형 – 색 4, 스타일 5)
 – 차트 위치 : 현재 시트에 [A10:G25] 크기에 정확하게 맞추시오.
 – 차트 영역 서식 : 글꼴(바탕, 11pt), 테두리 색(실선, 색 : 진한 파랑),
          테두리 스타일(너비 : 2.5pt, 겹선 종류 : 단순형, 대시 종류 : 파선–점선, 둥근 모서리)
 – 차트 제목 서식 : 글꼴(궁서체, 23pt, 밑줄), 채우기(그림 또는 질감 채우기, 질감 : 작은 물방울)
 – 그림 영역 서식 : 채우기(그라데이션 채우기, 그라데이션 미리 설정 : 밝은 그라데이션–강조 5, 종류 : 선형,
          방향 : 선형 아래쪽)
 – 데이터 레이블 추가 : '할인액' 계열에 "값" 표시

▶ 지시사항이 없는 경우는 ≪출력형태≫와 동일하게 작성하시오.

제04회 최신기출유형

MS Office 2016 버전용

A

- 시험과목 : 스프레드시트(엑셀)
- 시험일자 : 20XX. XX. XX(X)
- 응시자 기재사항 및 감독위원 확인

수 검 번 호	DIS – XXXX –	감독위원 확인
성 명		

응시자 유의사항

1. 응시자는 신분증을 지참하여야 시험에 응시할 수 있으며, 시험이 종료될 때까지 신분증을 제시하지 못 할 경우 해당 시험은 0점 처리됩니다.

2. 시스템(PC작동여부, 네트워크 상태 등)의 이상여부를 반드시 확인하여야 하며, 시스템 이상이 있을시 감독위원에게 조치를 받으셔야 합니다.

3. 시험 중 부주의 또는 고의로 시스템을 파손한 경우는 응시자 부담으로 합니다.

4. 답안 전송 프로그램을 통해 다운로드 받은 파일을 이용하여 답안파일을 작성하시기 바랍니다.

5. 작성한 답안 파일은 답안 전송 프로그램을 통하여 전송됩니다. 감독위원의 지시에 따라 주시기 바랍니다.

6. 다음사항의 경우 실격(0점) 혹은 부정행위 처리됩니다.

    1) 답안파일을 저장하지 않았거나, 저장한 파일이 손상되었을 경우

    2) 답안파일을 지정된 폴더(바탕화면 – "KAIT" 폴더)에 저장하지 않았을 경우

        ※ 답안 전송 프로그램 로그인 시 바탕화면에 자동 생성됨

    3) 답안파일을 다른 보조 기억장치(USB) 혹은 네트워크(메신저, 게시판 등)로 전송할 경우

    4) 휴대용 전화기 등 통신기기를 사용할 경우

7. 시험지에 제시된 글꼴이 응시 프로그램에 없는 경우, 반드시 감독위원에게 해당 내용을 통보한 뒤 조치를 받아야 합니다.

8. 시험의 완료는 작성이 완료된 답안을 저장하고, 답안 전송이 완료된 상태를 확인한 것으로 합니다. 답안 전송 확인 후 문제지는 감독위원에게 제출한 후 퇴실하여야 합니다.

9. 답안전송이 완료된 경우에는 수정 또는 정정이 불가능합니다.

10. 시험시행 후 합격자 발표는 홈페이지(www.ihd.or.kr)에서 확인하시기 바랍니다.

    1) 문제 및 모범답안 공개 : 20XX. XX. XX(X)

    2) 합격자 발표 : 20XX. XX. XX(X)

식별CODE

Korea Association for ICT promotion
한국정보통신진흥협회 **KAIT**

문제 1 "급여 지급 현황" 시트를 참조하여 다음 《 처리조건 》에 맞도록 작업하시오.　　50점

출력형태

팀명	팀코드	직원명	기본급	보너스	세금	지급액	순위	비고
		팀별 급여 지급 현황						
홍보팀	HT-01	권영수	2,800,000	840,000	680,000	2,960,000	10위	
마케팅팀	MT-01	허재두	3,400,000	1,020,000	503,000	3,917,000	7위	
홍보팀	HT-02	정성민	3,800,000	1,140,000	445,000	4,495,000	6위	
홍보팀	HT-03	박영아	4,200,000	1,630,000	720,000	5,110,000	2위	우수 사원
마케팅팀	MT-02	박종홍	2,400,000	1,350,000	590,000	3,160,000	9위	우수 사원
물류팀	LT-01	박봉기	4,500,000	1,120,000	510,000	5,110,000	2위	
전략팀	ST-01	변순용	4,300,000	1,260,000	480,000	5,080,000	4위	
전략팀	ST-02	송영미	5,200,000	1,020,000	620,000	5,600,000	1위	
마케팅팀	MT-03	강신실	3,900,000	1,440,000	390,000	4,950,000	5위	우수 사원
물류팀	LT-02	장미향	2,700,000	1,290,000	360,000	3,630,000	8위	
'팀명'이 "홍보팀"인 '보너스'의 평균				1,203,333원				
'기본급'의 최대값-최소값 차이				2,800,000원				
'세금' 중 두 번째로 작은 값				390,000원				

처리조건

▶ 1행의 행 높이를 '80'으로 설정하고, 2행~15행의 행 높이를 '18'로 설정하시오.

▶ 제목("팀별 급여 지급 현황") : 기본 도형의 '배지'를 이용하여 입력하시오.
　– 도형 : 위치([B1:H1]), 도형 스타일(테마 스타일 – 강한 효과 – '녹색, 강조 6')
　– 글꼴 : 굴림, 28pt, 기울임꼴
　– 도형 서식 : 도형 옵션 – 크기 및 속성(텍스트 상자(세로 맞춤 : 정가운데, 텍스트 방향 : 가로))

▶ 셀 서식을 아래 조건에 맞게 작성하시오.
　– [A2:I15] : 테두리(안쪽, 윤곽선 모두 실선, '검정, 텍스트 1'), 전체 가운데 맞춤
　– [A13:D13], [A14:D14], [A15:D15] : 각각 병합하고 가운데 맞춤
　– [A2:I2], [A13:D15] : 채우기 색('파랑, 강조 5, 40% 더 밝게'), 글꼴(굵게)
　– [H3:H12] : 셀 서식의 표시형식–사용자 지정을 이용하여 #"위"자를 추가
　– [D3:G12] : 셀 서식의 표시형식–숫자를 이용하여 1000단위 구분 기호 표시
　– [E13:G15] : 셀 서식의 표시형식–사용자 지정을 이용하여 #,##0"원"자를 추가
　– 조건부 서식[A3:I12] : '지급액'이 4000000 이하인 경우 레코드 전체에 글꼴(자주, 굵게) 적용
　– 지시사항이 없는 경우는 주어진 문제파일의 서식을 그대로 사용하시오.

▶ ① 순위[H3:H12] : '지급액'을 기준으로 큰 순으로 '순위'를 구하시오. **(RANK 함수)**
▶ ② 비고[I3:I12] : '보너스'가 1300000 이상이면 "우수 사원", 그렇지 않으면 공백을 구하시오. **(IF 함수)**
▶ ③ 평균[E13:G13] : '팀명'이 "홍보팀"인 '보너스'의 평균을 구하시오. **(DAVERAGE 함수)**
▶ ④ 최대값-최소값[E14:G14] : '기본급'의 최대값과 최소값의 차이를 구하시오. **(MAX, MIN 함수)**
▶ ⑤ 두 번째로 작은 값[E15:G15] : '세금' 중 두 번째로 작은 값을 구하시오. **(SMALL 함수)**

문제 2 "부분합" 시트를 참조하여 다음《 처리조건 》에 맞도록 작업하시오. 30점

출력형태

팀명	팀코드	직원명	기본급	보너스	세금	지급액
마케팅팀	MT-01	허재두	3,400,000	1,020,000	503,000	3,917,000
마케팅팀	MT-02	박종홍	2,400,000	1,350,000	590,000	3,160,000
마케팅팀	MT-03	강신실	3,900,000	1,440,000	390,000	4,950,000
마케팅팀 최대값					590,000	4,950,000
마케팅팀 평균			3,233,333	1,270,000		
물류팀	LT-01	박봉기	4,500,000	1,120,000	510,000	5,110,000
물류팀	LT-02	장미향	2,700,000	1,290,000	360,000	3,630,000
물류팀 최대값					510,000	5,110,000
물류팀 평균			3,600,000	1,205,000		
전략팀	ST-01	변순용	4,300,000	1,260,000	480,000	5,080,000
전략팀	ST-02	송영미	5,200,000	1,020,000	620,000	5,600,000
전략팀 최대값					620,000	5,600,000
전략팀 평균			4,750,000	1,140,000		
홍보팀	HT-01	권영수	2,800,000	840,000	680,000	2,960,000
홍보팀	HT-02	정성민	3,800,000	1,140,000	445,000	4,495,000
홍보팀	HT-03	박영아	4,200,000	1,630,000	720,000	5,110,000
홍보팀 최대값					720,000	5,110,000
홍보팀 평균			3,600,000	1,203,333		
전체 최대값					720,000	5,600,000
전체 평균			3,720,000	1,211,000		

처리조건

▶ 데이터를 '팀명' 기준으로 오름차순 정렬하시오.

▶ 아래 조건에 맞는 부분합을 작성하시오.
 – '팀명'으로 그룹화 하여 '기본급', '보너스'의 평균을 구하는 부분합을 만드시오.
 – '팀명'으로 그룹화 하여 '세금', '지급액'의 최대값을 구하는 부분합을 만드시오.
  (새로운 값으로 대치하지 말 것)
 – [D3:G22] 영역에 셀 서식의 표시형식–숫자를 이용하여 1000단위 구분 기호를 표시하시오.

▶ D~G열을 선택하여 그룹을 설정하시오.

▶ 평균과 최대값 부분합의 순서는 ≪ 출력형태 ≫와 다를 수 있음

▶ 지시사항이 없는 경우는 기본 값을 적용하시오.

문 제 3 "필터"와 "시나리오" 시트를 참조하여 다음《 처리조건 》에 맞도록 작업하시오.   60점

1 필터

출력형태 – 필터

	A	B	C	D	E	F	G
1							
2	팀명	팀코드	직원명	기본급	보너스	세금	지급액
3	홍보팀	HT-01	권영수	2,800,000	840,000	680,000	2,960,000
4	마케팅팀	MT-01	허재두	3,400,000	1,020,000	503,000	3,917,000
5	홍보팀	HT-02	정성민	3,800,000	1,140,000	445,000	4,495,000
6	홍보팀	HT-03	박영아	4,200,000	1,630,000	720,000	5,110,000
7	마케팅팀	MT-02	박종홍	2,400,000	1,350,000	590,000	3,160,000
8	물류팀	LT-01	박봉기	4,500,000	1,120,000	510,000	5,110,000
9	전략팀	ST-01	변순용	4,300,000	1,260,000	480,000	5,080,000
10	전략팀	ST-02	송영미	5,200,000	1,020,000	620,000	5,600,000
11	마케팅팀	MT-03	강신실	3,900,000	1,440,000	390,000	4,950,000
12	물류팀	LT-02	장미향	2,700,000	1,290,000	360,000	3,630,000
13							
14	조건						
15	FALSE						
16							
17							
18	팀코드	직원명	보너스	지급액			
19	MT-01	허재두	1,020,000	3,917,000			
20	MT-02	박종홍	1,350,000	3,160,000			
21	ST-02	송영미	1,020,000	5,600,000			
22	MT-03	강신실	1,440,000	4,950,000			
23							

처리조건

▶ "필터" 시트의 [A2:G12]를 아래 조건에 맞게 고급필터를 사용하여 작성하시오.

   – '팀명'이 "마케팅팀"이거나 '지급액'이 5500000 이상인 데이터를 '팀코드', '직원명', '보너스', '지급액'의 데이터만 필터링 하시오.

   – 조건 위치 : 조건 함수는 [A15] 한 셀에 작성(OR 함수 이용)

   – 결과 위치 : [A18]부터 출력

▶ 지시사항이 없는 경우는 ≪ 출력형태 – 필터 ≫와 동일하게 작성하시오.

② 시나리오

출력형태 – 시나리오

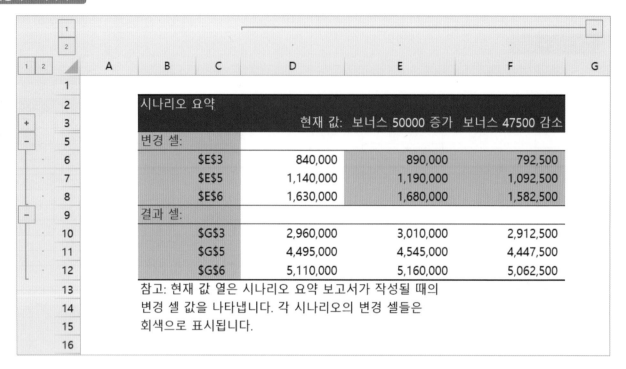

처리조건

▶ "시나리오" 시트의 [A2:G12]를 이용하여 '팀명'이 "홍보팀"인 경우, '보너스'가 변동할 때 '지급액'이 변동하는 가상분석(시나리오)을 작성하시오.

     – 시나리오1 : 시나리오 이름은 "보너스 50000 증가", '보너스'에 50000을 증가시킨 값 설정.
     – 시나리오2 : 시나리오 이름은 "보너스 47500 감소", '보너스'에 47500을 감소시킨 값 설정.
     – "시나리오 요약" 시트를 작성하시오.

▶ 지시사항이 없는 경우는 ≪ 출력형태 – 시나리오 ≫와 동일하게 작성하시오.

문제 4 "피벗테이블" 시트를 참조하여 다음《 처리조건 》에 맞도록 작업하시오.　　30점

출력형태

	A	B	C	D	E
1					
2					
3			팀명 🔽		.
4	팀코드 🔽	값	마케팅팀	물류팀	홍보팀
5	HT-01	평균 : 보너스	***	***	840,000
6		평균 : 세금	***	***	680,000
7	HT-02	평균 : 보너스	***	***	1,140,000
8		평균 : 세금	***	***	445,000
9	HT-03	평균 : 보너스	***	***	1,630,000
10		평균 : 세금	***	***	720,000
11	LT-01	평균 : 보너스	***	1,120,000	***
12		평균 : 세금	***	510,000	***
13	LT-02	평균 : 보너스	***	1,290,000	***
14		평균 : 세금	***	360,000	***
15	MT-01	평균 : 보너스	1,020,000	***	***
16		평균 : 세금	503,000	***	***
17	MT-02	평균 : 보너스	1,350,000	***	***
18		평균 : 세금	590,000	***	***
19	MT-03	평균 : 보너스	1,440,000	***	***
20		평균 : 세금	390,000	***	***
21	전체 평균 : 보너스		1,270,000	1,205,000	1,203,333
22	전체 평균 : 세금		494,333	435,000	615,000

처리조건

▶ "피벗테이블" 시트의 [A2:G12]를 이용하여 새로운 시트에 ≪ 출력형태 ≫와 같이 피벗테이블을 작성 후 시트명을 "피벗테이블 정답"으로 수정하시오.

▶ 팀코드(행)와 팀명(열)을 기준으로 하여 출력형태와 같이 구하시오.
　– '보너스', '세금'의 평균을 구하시오.
　– 피벗 테이블 옵션을 이용하여 레이블이 있는 셀 병합 및 가운데 맞춤하고 빈 셀을 "***"로 표시한 후, 행의 총합계를 감추기 하시오.
　– 피벗 테이블 디자인에서 보고서 레이아웃은 '테이블 형식으로 표시', 피벗 테이블 스타일은 '피벗 스타일 어둡게 6'으로 표시하시오.
　– 팀명(열)은 "마케팅팀", "물류팀", "홍보팀"만 출력되도록 표시하시오.
　– [C5:E22] 데이터는 셀 서식의 표시형식–숫자를 이용하여 1000단위 구분 기호를 표시하고, 오른쪽 맞춤하시오.

▶ 팀코드의 순서는 ≪ 출력형태 ≫와 다를 수 있음

▶ 지시사항이 없는 경우는 ≪ 출력형태 ≫와 동일하게 작성하시오.

문 제 **5** "차트" 시트를 참조하여 다음《 처리조건 》에 맞도록 작업하시오.　　30점

출력형태

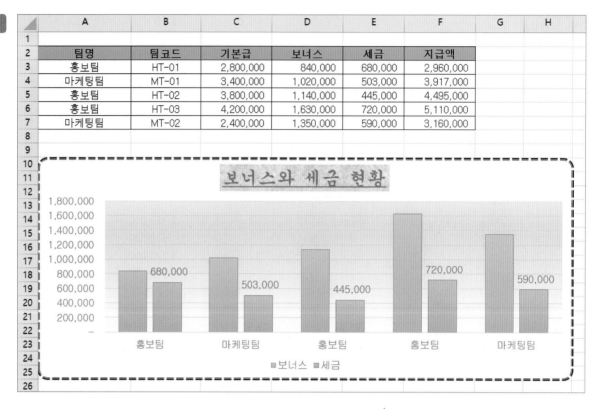

처리조건

▶ "차트" 시트에 주어진 표를 이용하여 '묶은 세로 막대형' 차트를 작성하시오.
- 데이터 범위 : 현재 시트 [A2:A7], [D2:E7]의 데이터를 이용하여 작성하고, 행/열 전환은 '열'로 지정
- 차트 제목("보너스와 세금 현황")
- 범례 위치 : 아래쪽
- 차트 스타일 : 색 변경(색상형 – 색 1, 스타일 5)
- 차트 위치 : 현재 시트에 [A10:H25] 크기에 정확하게 맞추시오.
- 차트 영역 서식 : 글꼴(굴림, 11pt), 테두리 색(실선, 색 : 진한 파랑),
　　　　　　　　 테두리 스타일(너비 : 2.75pt, 겹선 종류 : 굵고 얇음, 대시 종류 : 사각 점선, 둥근 모서리)
- 차트 제목 서식 : 글꼴(궁서체, 20pt, 밑줄), 채우기(그림 또는 질감 채우기, 질감 : 꽃다발)
- 그림 영역 서식 : 채우기(그라데이션 채우기, 그라데이션 미리 설정 : 밝은 그라데이션 – 강조 4, 종류 : 선형,
　　　　　　　　 방향 : 선형 위쪽)
- 데이터 레이블 추가 : '세금' 계열에 "값" 표시

▶ 지시사항이 없는 경우는 ≪ 출력형태 ≫와 동일하게 작성하시오.

- 시험과목 : 스프레드시트(엑셀)
- 시험일자 : 20XX. XX. XX(X)
- 응시자 기재사항 및 감독위원 확인

수 검 번 호	DIS － XXXX －	감독위원 확인
성 명		

응시자 유의사항

1. 응시자는 신분증을 지참하여야 시험에 응시할 수 있으며, 시험이 종료될 때까지 신분증을 제시하지 못 할 경우 해당 시험은 0점 처리됩니다.

2. 시스템(PC작동여부, 네트워크 상태 등)의 이상여부를 반드시 확인하여야 하며, 시스템 이상이 있을시 감독위원에게 조치를 받으셔야 합니다.

3. 시험 중 부주의 또는 고의로 시스템을 파손한 경우는 응시자 부담으로 합니다.

4. 답안 전송 프로그램을 통해 다운로드 받은 파일을 이용하여 답안파일을 작성하시기 바랍니다.

5. 작성한 답안 파일은 답안 전송 프로그램을 통하여 전송됩니다. 감독위원의 지시에 따라 주시기 바랍니다.

6. 다음사항의 경우 실격(0점) 혹은 부정행위 처리됩니다.

    1) 답안파일을 저장하지 않았거나, 저장한 파일이 손상되었을 경우

    2) 답안파일을 지정된 폴더(바탕화면 － "KAIT" 폴더)에 저장하지 않았을 경우

       ※ 답안 전송 프로그램 로그인 시 바탕화면에 자동 생성됨

    3) 답안파일을 다른 보조 기억장치(USB) 혹은 네트워크(메신저, 게시판 등)로 전송할 경우

    4) 휴대용 전화기 등 통신기기를 사용할 경우

7. 시험지에 제시된 글꼴이 응시 프로그램에 없는 경우, 반드시 감독위원에게 해당 내용을 통보한 뒤 조치를 받아야 합니다.

8. 시험의 완료는 작성이 완료된 답안을 저장하고, 답안 전송이 완료된 상태를 확인한 것으로 합니다. 답안 전송 확인 후 문제지는 감독위원에게 제출한 후 퇴실하여야 합니다.

9. 답안전송이 완료된 경우에는 수정 또는 정정이 불가능합니다.

10. 시험시행 후 합격자 발표는 홈페이지(www.ihd.or.kr)에서 확인하시기 바랍니다.

    1) 문제 및 모범답안 공개 : 20XX. XX. XX(X)

    2) 합격자 발표 : 20XX. XX. XX(X)

식별CODE

Korea Association for ICT promotion
한국정보통신진흥협회 **KAIT**

문 제 1 "관객수" 시트를 참조하여 다음 《 처리조건 》에 맞도록 작업하시오. 　50점

출력형태

개봉일별 영화 관객 수

제목	장르	등급	1일	2일	3일	합계	순위	비고
덕터두리틀	어드벤처	전체	107,984	103,497	129,073	340,554명	7위	
천문	드라마	12세이상	147,537	110,763	215,272	473,572명	5위	
스타워즈	액션	12세이상	73,091	45,219	48,491	166,801명	10위	
백두산	드라마	12세이상	450,171	424,465	798,673	1,673,309명	2위	흥행영화
시동	드라마	15세이상	233,340	136,261	164,483	534,084명	4위	흥행영화
미드웨이	액션	15세이상	131,880	174,407	55,793	362,080명	6위	
겨울왕국2	애니메이션	전체	606,618	632,547	1,661,836	2,901,001명	1위	흥행영화
신비아파트	애니메이션	전체	22,805	18,709	136,559	178,073명	8위	
포드V페라리	액션	12세이상	52,484	50,135	69,070	171,689명	9위	
터미네이터	어드벤처	15세이상	269,270	153,473	186,050	608,793명	3위	흥행영화
'등급'이 "전체"인 '3일'의 평균				642,489				
'1일'의 최대값-최소값 차이				583,813				
'2일' 중 세 번째로 큰 값				174,407				

처리조건

▶ 1행의 행 높이를 '80'으로 설정하고, 2행~15행의 행 높이를 '18'로 설정하시오.
▶ 제목("개봉일별 영화 관객 수") : 순서도의 '순서도: 문서'를 이용하여 입력하시오.
　– 도형 : 위치([B1:H1]), 도형 스타일(테마 스타일 – 보통 효과 – '파랑, 강조 5')
　– 글꼴 : 돋움체, 24pt, 기울임꼴
　– 도형 서식 : 도형 옵션 – 크기 및 속성(텍스트 상자(세로 맞춤 : 정가운데, 텍스트 방향 : 가로))

▶ 셀 서식을 아래 조건에 맞게 작성하시오.
　– [A2:I15] : 테두리(안쪽, 윤곽선 모두 실선, '검정, 텍스트 1'), 전체 가운데 맞춤
　– [A13:D13], [A14:D14], [A15:D15] : 각각 병합하고 가운데 맞춤
　– [A2:I2], [A13:D15] : 채우기 색('황금색, 강조 4, 40% 더 밝게'), 글꼴(굵게)
　– [D3:F12], [E13:G15] : 셀 서식의 표시형식–숫자를 이용하여 1000단위 구분 기호 표시
　– [G3:G12] : 셀 서식의 표시형식–사용자 지정을 이용하여 #,##0"명"자를 추가
　– [H3:H12] : 셀 서식의 표시형식–사용자 지정을 이용하여 #"위"자를 추가
　– 조건부 서식[A3:I12] : '등급'이 "전체"인 경우 레코드 전체에 글꼴(파랑, 굵게) 적용
　– 지시사항이 없는 경우는 주어진 문제파일의 서식을 그대로 사용하시오.

▶ ① 순위[H3:H12] : '합계'를 기준으로 큰 순으로 순위를 구하시오. **(RANK 함수)**
▶ ② 비고[I3:I12] : '합계'가 500000 이상이면 "흥행영화", 그렇지 않으면 공백으로 구하시오. **(IF 함수)**
▶ ③ 평균[E13:G13] : '등급'이 "전체"인 '3일'의 평균을 구하시오. **(DAVERAGE 함수)**
▶ ④ 최대값-최소값[E14:G14] : '1일'의 최대값과 최소값의 차이를 구하시오. **(MAX, MIN 함수)**
▶ ⑤ 세 번째로 큰 값[E15:G15] : '2일' 중 세 번째로 큰 값을 구하시오. **(LARGE 함수)**

문제 2　"부분합" 시트를 참조하여 다음《 처리조건 》에 맞도록 작업하시오.　　30점

출력형태

	A	B	C	D	E	F	G
1							
2	제목	장르	등급	1일	2일	3일	합계
3	천문	드라마	12세이상	147,537	110,763	215,272	473,572
4	스타워즈	액션	12세이상	73,091	45,219	48,491	166,801
5	백두산	드라마	12세이상	450,171	424,465	798,673	1,673,309
6	포드V페라리	액션	12세이상	52,484	50,135	69,070	171,689
7			12세이상 최대값				1,673,309
8			12세이상 평균	180,821	157,646	282,877	
9	시동	드라마	15세이상	233,340	136,261	164,483	534,084
10	미드웨이	액션	15세이상	131,880	174,407	55,793	362,080
11	터미네이터	어드벤처	15세이상	269,270	153,473	186,050	608,793
12			15세이상 최대값				608,793
13			15세이상 평균	211,497	154,714	135,442	
14	닥터두리틀	어드벤처	전체	107,984	103,497	129,073	340,554
15	겨울왕국2	애니메이션	전체	606,618	632,547	1,661,836	2,901,001
16	신비아파트	애니메이션	전체	22,805	18,709	136,559	178,073
17			전체 최대값				2,901,001
18			전체 평균	245,802	251,584	642,489	
19			전체 최대값				2,901,001
20			전체 평균	209,518	184,948	346,530	
21							

처리조건

▶ 데이터를 '등급' 기준으로 오름차순 정렬하시오.

▶ 아래 조건에 맞는 부분합을 작성하시오.
　– '등급'으로 그룹화 하여 '1일', '2일', '3일'의 평균을 구하는 부분합을 만드시오.
　– '등급'으로 그룹화 하여 '합계'의 최대값을 구하는 부분합을 만드시오.
　　(새로운 값으로 대치하지 말 것)
　– [D3:G20] 영역에 셀 서식의 표시형식–숫자를 이용하여 1000단위 구분 기호를 표시하시오.

▶ D~F열을 선택하여 그룹을 설정하시오.

▶ 평균과 최대값 부분합의 순서는 ≪ 출력형태 ≫와 다를 수 있음

▶ 지시사항이 없는 경우는 기본 값을 적용하시오.

문제 3　"필터"와 "시나리오" 시트를 참조하여 다음 《 처리조건 》에 맞도록 작업하시오.　60점

1 필터

| 출력형태 - 필터 |

	A	B	C	D	E	F	G
1							
2	제목	장르	등급	1일	2일	3일	합계
3	닥터두리틀	어드벤처	전체	107,984	103,497	129,073	340,554
4	천문	드라마	12세이상	147,537	110,763	215,272	473,572
5	스타워즈	액션	12세이상	73,091	45,219	48,491	166,801
6	백두산	드라마	12세이상	450,171	424,465	798,673	1,673,309
7	시동	드라마	15세이상	233,340	136,261	164,483	534,084
8	미드웨이	액션	15세이상	131,880	174,407	55,793	362,080
9	겨울왕국2	애니메이션	전체	606,618	632,547	1,661,836	2,901,001
10	신비아파트	애니메이션	전체	22,805	18,709	136,559	178,073
11	포드V페라리	액션	12세이상	52,484	50,135	69,070	171,689
12	터미네이터	어드벤처	15세이상	269,270	153,473	186,050	608,793
13							
14	조건						
15	FALSE						
16							
17							
18	제목	장르	등급	3일	합계		
19	스타워즈	액션	12세이상	48,491	166,801		
20	백두산	드라마	12세이상	798,673	1,673,309		
21	미드웨이	액션	15세이상	55,793	362,080		
22	겨울왕국2	애니메이션	전체	1,661,836	2,901,001		
23	포드V페라리	액션	12세이상	69,070	171,689		
24							

| 처리조건 |

▶ "필터" 시트의 [A2:G12]를 아래 조건에 맞게 고급필터를 사용하여 작성하시오.
- '장르'가 "액션"이거나 '합계'가 1000000 이상인 데이터를 '제목', '장르', '등급', '3일', '합계'의 데이터만 필터링 하시오.
- 조건 위치 : 조건 함수는 [A15] 한 셀에 작성(OR 함수 이용)
- 결과 위치 : [A18]부터 출력

▶ 지시사항이 없는 경우는 ≪ 출력형태 - 필터 ≫와 동일하게 작성하시오.

② 시나리오

출력형태 – 시나리오

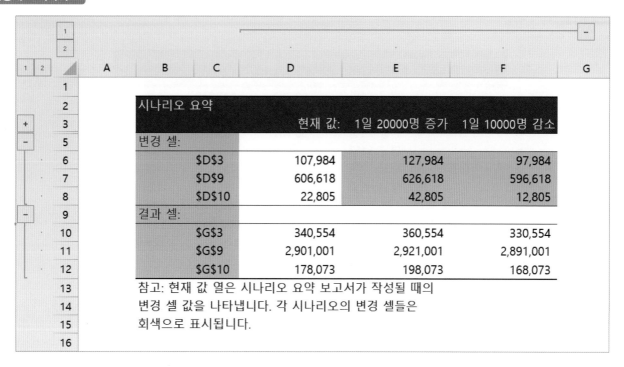

처리조건

▶ "시나리오" 시트의 [A2:G12]를 이용하여 '등급'이 "전체"인 경우, '1일'이 변동할 때 '합계'가 변동하는 가상분석(시나리오)을 작성하시오.

   – 시나리오1 : 시나리오 이름은 "1일 20000명 증가", '1일'에 20000을 증가시킨 값 설정.
   – 시나리오2 : 시나리오 이름은 "1일 10000명 감소", '1일'에 10000을 감소시킨 값 설정.
   – "시나리오 요약" 시트를 작성하시오.

▶ 지시사항이 없는 경우는 ≪ 출력형태 – 시나리오 ≫와 동일하게 작성하시오.

문제 4 "피벗테이블" 시트를 참조하여 다음《 처리조건 》에 맞도록 작업하시오.　　30점

출력형태

	A	B	C	D	E
1					
2					
3			등급 ▾		
4	장르 ▾	값	12세이상	15세이상	전체
5		평균 : 1일	62,788	131,880	**
6	액션	평균 : 2일	47,677	174,407	**
7		평균 : 3일	58,781	55,793	**
8		평균 : 1일	**	269,270	107,984
9	어드벤처	평균 : 2일	**	153,473	103,497
10		평균 : 3일	**	186,050	129,073
11	전체 평균 : 1일		62,788	200,575	107,984
12	전체 평균 : 2일		47,677	163,940	103,497
13	전체 평균 : 3일		58,781	120,922	129,073
14					

처리조건

▶ "피벗테이블" 시트의 [A2:G12]를 이용하여 새로운 시트에 《 출력형태 》와 같이 피벗테이블을 작성 후 시트명을 "피벗테이블 정답"으로 수정하시오.

▶ 장르(행)와 등급(열)을 기준으로 하여 출력형태와 같이 구하시오.
  - '1일', '2일', '3일'의 평균을 구하시오.
  - 피벗 테이블 옵션을 이용하여 레이블이 있는 셀 병합 및 가운데 맞춤하고, 빈 셀을 "**"로 표시한 후, 행의 총 합계를 감추기 하시오.
  - 피벗 테이블 디자인에서 보고서 레이아웃은 '테이블 형식으로 표시', 피벗 테이블 스타일은 '피벗 스타일 보통 13'으로 표시하시오.
  - 장르(행)는 "액션", "어드벤처"만 출력되도록 표시하시오.
  - [C5:E13] 데이터는 셀 서식의 표시형식-숫자를 이용하여 1000단위 구분 기호를 표시하고, 오른쪽 맞춤하시오.

▶ 장르의 순서는 《 출력형태 》와 다를 수 있음

▶ 지시사항이 없는 경우는 《 출력형태 》와 동일하게 작성하시오.

문제 **5** "차트" 시트를 참조하여 다음《 처리조건 》에 맞도록 작업하시오. 30점

출력형태

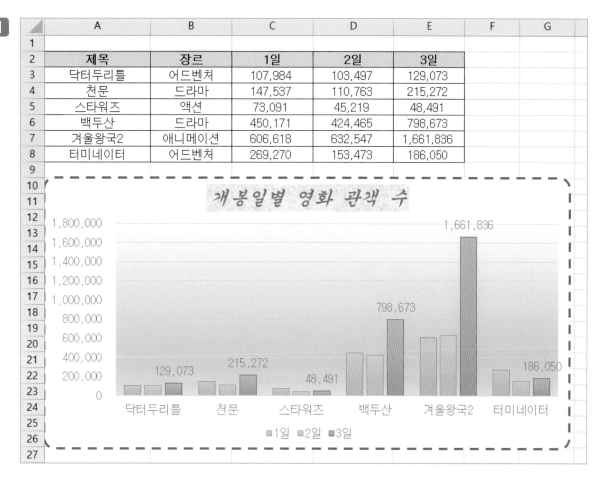

	A	B	C	D	E	F	G
2	제목	장르	1일	2일	3일		
3	닥터두리틀	어드벤처	107,984	103,497	129,073		
4	천문	드라마	147,537	110,763	215,272		
5	스타워즈	액션	73,091	45,219	48,491		
6	백두산	드라마	450,171	424,465	798,673		
7	겨울왕국2	애니메이션	606,618	632,547	1,661,836		
8	터미네이터	어드벤처	269,270	153,473	186,050		

처리조건

▶ "차트" 시트에 주어진 표를 이용하여 '묶은 세로 막대형' 차트를 작성하시오.

 – 데이터 범위 : 현재 시트 [A2:A8], [C2:E8]의 데이터를 이용하여 작성하고, 행/열 전환은 '열'로 지정

 – 차트 제목("개봉일별 영화 관객 수")

 – 범례 위치 : 아래쪽

 – 차트 스타일 : 색 변경(색상형 – 색 2, 스타일 5)

 – 차트 위치 : 현재 시트에 [A10:G26] 크기에 정확하게 맞추시오.

 – 차트 영역 서식 : 글꼴(돋움체, 11pt), 테두리 색(실선, 색 : '파랑, 강조 5'),
   테두리 스타일(너비 : 2pt, 겹선 종류 : 단순형, 대시 종류 : 파선, 둥근 모서리)

 – 차트 제목 서식 : 글꼴(궁서체, 18pt, 기울임꼴), 채우기(그림 또는 질감 채우기, 질감 : 파랑 박엽지)

 – 그림 영역 서식 : 채우기(그라데이션 채우기, 그라데이션 미리 설정 : 밝은 그라데이션 – 강조 6, 종류 : 선형,
   방향 : 선형 아래쪽)

 – 데이터 레이블 추가 : '3일' 계열에 "값" 표시

▶ 지시사항이 없는 경우는 ≪출력형태≫와 동일하게 작성하시오.

제06회 최신기출유형

MS Office 2016 버전용

- 시험과목 : 스프레드시트(엑셀)
- 시험일자 : 20XX. XX. XX(X)
- 응시자 기재사항 및 감독위원 확인

수 검 번 호	DIS – XXXX –	감독위원 확인
성 명		

식별CODE

한국정보통신진흥협회 **KAIT**
Korea Association for ICT promotion

문제 1 **"조회수" 시트를 참조하여 다음《 처리조건 》에 맞도록 작업하시오.** 50점

출력형태

제품명	구분	대상	20대	30대	40대	합계	순위	비고
\multicolumn{9}{c}{1인 방송 장비 조회 수}
콘덴서마이크	마이크	입문자용	3,097	2,134	1,510	6,741회	1위	관심상품
미러리스	카메라	고급자용	2,754	2,025	1,525	6,304회	3위	관심상품
카본삼각대	삼각대	야외장비	1,271	1,949	1,632	4,852회	6위	
셀이디조명룩스패드	조명	입문자용	1,539	2,376	791	4,706회	7위	
웹캠	카메라	입문자용	1,650	2,791	1,125	5,566회	4위	
샷건마이크	마이크	고급자용	1,527	1,117	1,395	4,039회	10위	
스마트폰짐벌셀카봉	짐벌	야외장비	2,240	2,115	320	4,675회	8위	
패키지	패키지	입문자용	1,268	1,866	1,270	4,404회	9위	
링라이트조명	조명	고급자용	1,853	2,069	1,286	5,208회	5위	
마이크거치대	마이크	야외장비	2,857	2,519	1,162	6,538회	2위	관심상품
'구분'이 "마이크"인 '30대'의 평균				1,923				
'40대'의 최대값-최소값 차이				1,312				
'20대' 중 세 번째로 큰 값				2,754				

처리조건

▶ 1행의 행 높이를 '80'으로 설정하고, 2행~15행의 행 높이를 '18'로 설정하시오.
▶ 제목("1인 방송 장비 조회 수") : 기본 도형의 '육각형'을 이용하여 입력하시오
　– 도형 : 위치([B1:H1]), 도형 스타일(테마 스타일 – 보통 효과 – '주황, 강조 2')
　– 글꼴 : 돋움체, 24pt, 기울임꼴
　– 도형 서식 : 도형 옵션 – 크기 및 속성(텍스트 상자(세로 맞춤 : 정가운데, 텍스트 방향 : 가로))

▶ 셀 서식을 아래 조건에 맞게 작성하시오.
　– [A2:I15] : 테두리(안쪽, 윤곽선 모두 실선, '검정, 텍스트 1'), 전체 가운데 맞춤
　– [A13:D13], [A14:D14], [A15:D15] : 각각 병합하고 가운데 맞춤
　– [A2:I2], [A13:D15] : 채우기 색('파랑, 강조 5, 40% 더 밝게'), 글꼴(굵게)
　– [D3:F12], [E13:G15] : 셀 서식의 표시형식–숫자를 이용하여 1000단위 구분 기호 표시
　– [G3:G12] : 셀 서식의 표시형식–사용자 지정을 이용하여 #,##0"회"자를 추가
　– [H3:H12] : 셀 서식의 표시형식–사용자 지정을 이용하여 #"위"자를 추가
　– 조건부 서식[A3:I12] : '대상'이 "고급자용"인 경우 레코드 전체에 글꼴(빨강, 굵게) 적용
　– 지시사항이 없는 경우는 주어진 문제파일의 서식을 그대로 사용하시오.

▶ ① 순위[H3:H12] : '합계'를 기준으로 큰 순으로 순위를 구하시오. **(RANK 함수)**
▶ ② 비고[I3:I12] : '합계'가 6000 이상이면 "관심상품", 그렇지 않으면 공백으로 구하시오. **(IF 함수)**
▶ ③ 평균[E13:G13] : '구분'이 "마이크"인 '30대'의 평균을 구하시오. **(DAVERAGE 함수)**
▶ ④ 최대값–최소값[E14:G14] : '40대'의 최대값과 최소값의 차이를 구하시오. **(MAX, MIN 함수)**
▶ ⑤ 세 번째로 큰 값[E15:G15] : '20대' 중 세 번째로 큰 값을 구하시오. **(LARGE 함수)**

문제 2 "부분합" 시트를 참조하여 다음《 처리조건 》에 맞도록 작업하시오.

30점

출력형태

	A	B	C	D	E	F	G
2	제품명	구분	대상	20대	30대	40대	합계
3	콘덴서마이크	마이크	입문자용	3,097	2,134	1,510	6,741
4	엘이디조명룩스패드	조명	입문자용	1,539	2,376	791	4,706
5	웹캠	카메라	입문자용	1,650	2,791	1,125	5,566
6	패키지	패키지	입문자용	1,268	1,866	1,270	4,404
7			입문자용 최대값				6,741
8			입문자용 평균	1,889	2,292	1,174	
9	카본삼각대	삼각대	야외장비	1,271	1,949	1,632	4,852
10	스마트폰짐벌셀카봉	짐벌	야외장비	2,240	2,115	320	4,675
11	마이크거치대	마이크	야외장비	2,857	2,519	1,162	6,538
12			야외장비 최대값				6,538
13			야외장비 평균	2,123	2,194	1,038	
14	미러리스	카메라	고급자용	2,754	2,025	1,525	6,304
15	샷건마이크	마이크	고급자용	1,527	1,117	1,395	4,039
16	링라이트조명	조명	고급자용	1,853	2,069	1,286	5,208
17			고급자용 최대값				6,304
18			고급자용 평균	2,045	1,737	1,402	
19			전체 최대값				6,741
20			전체 평균	2,006	2,096	1,202	

처리조건

▶ 데이터를 '대상' 기준으로 내림차순 정렬하시오.

▶ 아래 조건에 맞는 부분합을 작성하시오.
   – '대상'으로 그룹화 하여 '20대', '30대', '40대'의 평균을 구하는 부분합을 만드시오.
   – '대상'으로 그룹화 하여 '합계'의 최대값을 구하는 부분합을 만드시오.
     (새로운 값으로 대치하지 말 것)
   – [D3:G20] 영역에 셀 서식의 표시형식–숫자를 이용하여 1000단위 구분 기호를 표시하시오.

▶ D~F열을 선택하여 그룹을 설정하시오.

▶ 평균과 최대값 부분합의 순서는 ≪ 출력형태 ≫와 다를 수 있음

▶ 지시사항이 없는 경우는 기본 값을 적용하시오.

문제 3 "필터"와 "시나리오" 시트를 참조하여 다음《 처리조건 》에 맞도록 작업하시오. 60점

1 필터

출력형태 – 필터

	A	B	C	D	E	F	G
1							
2	제품명	구분	대상	20대	30대	40대	합계
3	콘덴서마이크	마이크	입문자용	3097	2134	1510	6741
4	미러리스	카메라	고급자용	2754	2025	1525	6304
5	카본삼각대	삼각대	야외장비	1271	1949	1632	4852
6	엘이디조명룩스패드	조명	입문자용	1539	2376	791	4706
7	웹캠	카메라	입문자용	1650	2791	1125	5566
8	샷건마이크	마이크	고급자용	1527	1117	1395	4039
9	스마트폰짐벌셀카봉	짐벌	야외장비	2240	2115	320	4675
10	패키지	패키지	입문자용	1268	1866	1270	4404
11	링라이트조명	조명	고급자용	1853	2069	1286	5208
12	마이크거치대	마이크	야외장비	2857	2519	1162	6538
13							
14	조건						
15	TRUE						
16							
17							
18	제품명	구분	20대	30대	40대		
19	콘덴서마이크	마이크	3097	2134	1510		
20	웹캠	카메라	1650	2791	1125		
21							

처리조건

▶ "필터" 시트의 [A2:G12]를 아래 조건에 맞게 고급필터를 사용하여 작성하시오.
  - '대상'이 "입문자용"이고 '합계'가 5000 이상인 데이터를 '제품명', '구분', '20대', '30대', '40대'의 데이터만 필터링 하시오.
  - 조건 위치 : 조건 함수는 [A15] 한 셀에 작성(AND 함수 이용)
  - 결과 위치 : [A18]부터 출력

▶ 지시사항이 없는 경우는 ≪ 출력형태 – 필터 ≫와 동일하게 작성하시오.

② 시나리오

출력형태 – 시나리오

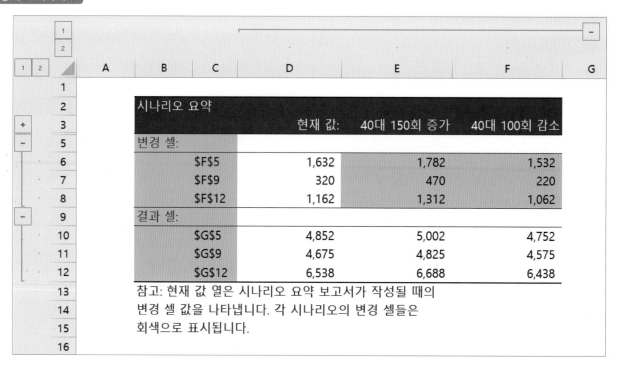

처리조건

▶ "시나리오" 시트의 [A2:G12]를 이용하여 '대상'이 "야외장비"인 경우, '40대'가 변동할 때 '합계'가 변동하는 가상 분석(시나리오)을 작성하시오.

    – 시나리오1 : 시나리오 이름은 "40대 150회 증가", '40대'에 150을 증가시킨 값 설정.
    – 시나리오2 : 시나리오 이름은 "40대 100회 감소", '40대'에 100을 감소시킨 값 설정.
    – "시나리오 요약" 시트를 작성하시오.

▶ 지시사항이 없는 경우는 ≪ 출력형태 – 시나리오 ≫와 동일하게 작성하시오.

문제 ④ **"피벗테이블" 시트를 참조하여 다음 《 처리조건 》에 맞도록 작업하시오.** 30점

출력형태

대상	값	구분			
		마이크	조명	카메라	패키지
고급자용	평균 : 20대	1,527	1,853	2,754	***
	평균 : 30대	1,117	2,069	2,025	***
	평균 : 40대	1,395	1,286	1,525	***
입문자용	평균 : 20대	3,097	1,539	1,650	1,268
	평균 : 30대	2,134	2,376	2,791	1,866
	평균 : 40대	1,510	791	1,125	1,270
전체 평균 : 20대		2,312	1,696	2,202	1,268
전체 평균 : 30대		1,626	2,223	2,408	1,866
전체 평균 : 40대		1,453	1,039	1,325	1,270

처리조건

▶ "피벗테이블" 시트의 [A2:G12]를 이용하여 새로운 시트에 ≪ 출력형태 ≫와 같이 피벗테이블을 작성 후 시트명을 "피벗테이블 정답"으로 수정하시오.

▶ 대상(행)과 구분(열)를 기준으로 하여 출력형태와 같이 구하시오.
 – '20대', '30대', '40대'의 평균을 구하시오.
 – 피벗 테이블 옵션을 이용하여 레이블이 있는 셀 병합 및 가운데 맞춤하고, 빈 셀을 "***"로 표시한 후, 행의 총 합계를 감추기 하시오.
 – 피벗 테이블 디자인에서 보고서 레이아웃은 '테이블 형식으로 표시', 피벗 테이블 스타일은 '피벗 스타일 보통 13'으로 표시하시오.
 – 대상(행)은 "고급자용", "입문자용"만 출력되도록 표시하시오.
 – [C5:F13] 데이터는 셀 서식의 표시형식–숫자를 이용하여 100단위 구분 기호를 표시하고, 오른쪽 맞춤하시오.

▶ 대상의 순서는 ≪ 출력형태 ≫와 다를 수 있음

▶ 지시사항이 없는 경우는 ≪ 출력형태 ≫와 동일하게 작성하시오.

문제 **5** "차트" 시트를 참조하여 다음 《 처리조건 》에 맞도록 작업하시오. 　　30점

출력형태

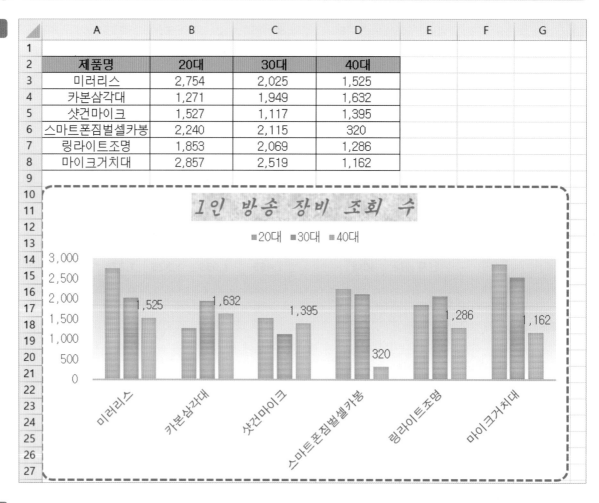

제품명	20대	30대	40대
미러리스	2,754	2,025	1,525
카본삼각대	1,271	1,949	1,632
샷건마이크	1,527	1,117	1,395
스마트폰짐벌셀카봉	2,240	2,115	320
링라이트조명	1,853	2,069	1,286
마이크거치대	2,857	2,519	1,162

처리조건

▶ "차트" 시트에 주어진 표를 이용하여 '묶은 세로 막대형' 차트를 작성하시오.
 – 데이터 범위 : 현재 시트 [A2:D8]의 데이터를 이용하여 작성하고, 행/열 전환은 '열'로 지정
 – 차트 제목("1인 방송 장비 조회 수")
 – 범례 위치 : 위쪽
 – 차트 스타일 : 색 변경(색상형 – 색 1, 스타일 3)
 – 차트 위치 : 현재 시트에 [A10:G27] 크기에 정확하게 맞추시오.
 – 차트 영역 서식 : 글꼴(돋움체, 11pt), 테두리 색(실선, 색 : '파랑, 강조 5'),
 　　　　　　　　테두리 스타일(너비 : 2pt, 겹선 종류 : 단순형, 대시 종류 : 사각 점선, 둥근 모서리)
 – 차트 제목 서식 : 글꼴(궁서체, 18pt, 기울임꼴), 채우기(그림 또는 질감 채우기, 질감 : 꽃다발)
 – 그림 영역 서식 : 채우기(그라데이션 채우기, 그라데이션 미리 설정 : 밝은 그라데이션–강조 1, 종류 : 선형,
 　　　　　　　　방향 : 선형 위쪽)
 – 데이터 레이블 추가 : '40대' 계열에 "값" 표시

▶ 지시사항이 없는 경우는 ≪ 출력형태 ≫와 동일하게 작성하시오.

MEMO

MEMO